Let's Plan a Potluck Party!
Grilled
Mixed Mushrooms
with
Lemon Zest

持ちよりパーティーをしよう

Let's plan a potluck party !

Rika Yukimasa

introduction
はじめに

Let's plan a potluck party!
Let's make it easy!

持ちよりパーティーをしよう
気楽にしよう

Introduction

その昔、私の母がお客さまを呼んでごはん会をしたとき、前日からいろいろと準備をして大変だった〜、お片づけも大変だった〜と感じた記憶があります。一方、アメリカに行ったら、高校生同士が「パーティーをしよう」と言います。「え〜、準備するのが大変なんじゃないの?」とびっくりしたら「ポットラックパーティーだもの」と言うのです。一人一品ずつ持ってくる“持ちよりパーティー”だから、場所さえあれば、パーティーなんてできちゃうのよ、と。確かにそれならば、一品だけ作って、とお母さんに頼みやすいし、アボカドソースとコーンチップスくらいなら高校生にだって作ることができます。何とも気楽にホームパーティーをしてしまうアメリカ人。その裏には、こんなヒミツがあったのです。

持ちよりパーティーにもカジュアルなものからフォーマルなもの、テーマ(イタリア料理とか、メキシコ料理など)があるものなど、いろいろなものがありますが、どのパーティーでも大切にされていたことは「みんなで集まって、のんびり楽しみ、みんなでお片づけをしよう」という気持ちでした。

日本ではついつい「部屋が狭いし」「汚いし」とホームパーティーを敬遠しがちですが、アメリカでもですね、パーティーをしなければ、部屋は汚いし、ぐちゃぐちゃでございました。私のホストファミリーも、一家総出でぎりぎりまで片づけをしていました。でも、パーティーを開くという目標があるから、机の上を片づけ、掃除機をかけ、花壇をきれいにし、ベッドルームを整えるのです。そうして家をリセットしてお客さまをお呼びし、記憶に残る時間を友だちにプレゼントするのです。

大切な人を招いて、前菜からメイン、デザートまでを作るというのは、ピアノの発表会のような楽しい作業ですが、もし気軽にパーティーをするならば、高校生でもできる持ちよりパーティーをおすすめします。最低限、やることは３つ。「おうちを片づける」「一品作る」「飲み物を用意する」だけ。あとはね、みんなで楽しむことが大切なんです。

ちなみに私がアメリカに住んでいたときのポットラックパーティーの定番は、ズバリ、"のり巻き"でした。他にもいろいろ持っていきたかったのですが、みんなからリクエストされてしまうので他の料理を作ることができなかったのです（笑）。あげくの果てには、大人のみなさまから「材料費と20ドル払うから、のり巻きをポットラックパーティー用に作ってくれ」とお願いされ、半ばバイトのようなこともやっておりました。今考えたらですね、ご紹介できるようなレシピでは全然ないのですが、当時のアメリカ人には価値があったんだと思われます。ポットラックパーティーにはみんな「何を持っていこうかな？」と悩むものですが、私の場合は、"Rika=Norimaki"という図式ができ上がっていたので、ある意味、楽なものでした。

今回は"のり巻きの制約"はございませんので（笑）、もし私だったらこんなものを作って持っていきたい、こんなものを作ってもらえたらうれしい！　というメニューを選んでみました。みなさまのお役に立つといいなぁ!!

Introduction

contents

お客さまを迎える側の

ホストの心得

準備に時間をかけずに、お金もかけずに、リラックスした気持ちでパーティーを開くのが一番です。
古くからの友人や趣味でつながった友人、子ども関係の友人、夫関係の友人……。
ここでは、パーティーを開く側、お客さまを迎える“ホスト”の立場から、
どんなシチュエーションでも、楽しい持ちよりパーティーを気軽に開く方法を紹介します。

Host 心得1

パーティーの招待メールを送って、役割分担を明確にする

【前菜】【サラダ】【メイン】【パスタ＆ごはん】【デザート】【チーズやフルーツ】と分担を決めておくのが成功の鍵

前菜

サラダ

メイン

パスタ&ごはん

デザート

チーズやフルーツ

パーティーのホストがまずしなくてはならないのは、「どんな人たちをおうちに呼んで、どのようなものを持ってきてほしいかを考え、みんなに分担を伝える」ということです。充実したパーティーを開くには、ここだけはメモを取りながら、考える必要があります。子ども連れのパーティーにするのか、大人だけでするのか、それとも女子会にするのか。集まる人によっても、持ってきてほしい食べ物が変わります。女性だけならばあまりおなかがいっぱいにならないよう、前菜オンパレードがいいかもしれないし、子ども連れでたくさん食べそうならば、メインやごはん物を中心に持ってきてもらったほうが満足できるかもしれません。

アメリカでは、まずはホストがゲストのアレルギーの有無を確認し、料理が得意な人、そうでもない人、に担当を振り分けます。えびアレルギーの人がいたら、「なるべくえびが入っていない前菜をお願い」とか、忙しい人には「料理はしなくていいから、チーズだけ買ってきて」「デザートを買ってきて」などとお願いします。また、ホストである自分が何を作るかはっきりしているときは、そのことを伝えます。できればメイン料理や温かくサーブしたほうがよいものは、ホストが作るようにします。もし私が「メインにローストチキンを焼くよ」と伝えておけば、他の人は「じゃ、鶏じゃない材料で前菜を作ろう」とヒントになります。

前菜は誰、サラダは誰、メインは自分で、ごはん物は誰、デザートは誰に買ってきてもらう、などとメモに書いてからみんなに伝えると種類の違う料理が集まります（何でもいいよ、と伝えると、全員が楽に作ることができるディップ系であったりして、ちょっぴりさびしかったりします）。はっきり伝えることは、バラエティ豊かな料理でパーティーを盛り上げる大切なコツなんですよ～。

- □ 誰が来るか、何人参加するか、子どもはいるか……前もって伝えておく
- □ パーティーのテーマや主役がいれば伝えておく
- □ ホストが作るのは温かいメニュー、メイン料理がおすすめ
- □ 料理が不得意な人のことも考える
- □ アレルギーがあるかどうか、先に聞いておく

Host 心得2

器とグラス、カトラリー、ナプキンを用意する

Basic Items

小さい子ども用には、プラスチック製のグラスや器が便利。私はすべてIKEAで揃えました。私の子どもが2歳くらいのときから小学生になった今まで、子どもたちがいるパーティーで大活躍しました。シンプルで大人っぽいところが、実は子どもたちに人気の理由です。

人数、子どもの有無に応じてアレンジする

パーティーのたびに紙やプラスチックの器やグラスを買っていると、最終的には高くついてしまいます。最近はIKEAや無印良品、Francfrancといったお店で、低価格でステキな器やグラスを購入することができます。例えばIKEAのディナー皿は１枚200～300円台から売っているし、ワイングラスも６個セットで1000円ちょっとです。

右がステキなパーティーをするのに“スターターキット”として持っていたいベストなリストです。ぜひこちらを参考に、インテリアショップに行ってみてください。なお、器やグラスは必ず割れるものなので、あとから買い足すことを考えて定番を買うことをおすすめします！

おすすめスターターキット

26㎝の白いプレート×６枚
19㎝の白いプレート×６枚
ワイングラス×６個
（ワイン、ビール、シャンパンなど
すべてを入れられるシンプルなもの）
フォークとナイフ×６セット
ペーパーナプキン

Host 心得3

セッティングのスタイルを決める

Buffet Setting

Table Setting

ビュッフェセッティングにするか、テーブルセッティングにするか

アメリカやヨーロッパでは立食パーティーが人気ですが、日本人は、どこでもいいから座っているほうが落ち着きますよね。人数が多いときは私もビュッフェ形式にして好き勝手に料理を取っていただき、好きな場所で食べていただきますが、そうでないときは席をセッティングします。いずれにしても持ちよりパーティーのときは、どこか１ヵ所に食べ物を置く場所を作るようにします。飲み物とデザートのセクションは、前菜、サラダ、メインなどとは分かれていたほうが自然です（小さなテーブルでも、キッチンの台でも何でもかまいません）。例えば左側に器、ナプキン、カトラリー、グラスを置いたら、右側に前菜、サラダ、メイン、そしてデザートと並べます（P16参照）。

テーブルをセッティングしても、同じ人とばかり話をしていてはつまらないので、「は〜い、ではみなさん、自分の器とグラスを持って、隣の席に移動しましょう」と時計回りに回ってもらったりします。たった一人分の位置が変わるだけで、目の前にいる人が変わって、新しい会話が生まれたりします。パーティーは人を知るための場所。人と人が知り合うための小さな気遣いができたら、それはステキです。

Host 心得4　飲み物はホストが用意する

重たい飲み物は宅配を利用して前もって用意しましょう

➡ P122

持ちよりパーティーで何か一品持ってきてもらううえに、飲み物まで持ってきてもらうとなると、正直、重くて申し訳ない（笑）。というわけで、飲み物はホストが用意して、みんなで割り勘をするという方法がおすすめです。用意すべきものは水、お茶、子どもたちの飲み物、テーマがあるならば（イタリアンナイトやエスニックランチなど）、テーマに合ったお酒、そして最後にお出しするお茶やコーヒーです。飲み物の用意だけは、なるべく事前にしておくことをおすすめします。コンビニでも売っているからあとでいいかな～と思ってしまいがちですが、そうなったら、運ぶのはあなた！　ベビーカーでもなければ、４人分以上の飲み物を持ち運ぶとなると、それだけで疲れてしまいます。直前まで何もできないタイプの私は、カクヤスや次の日に必ず届けてくれるワインショップなどを活用しています。携帯にいくつか電話番号を入れておくといいですよ～。

Host 心得5　パーティーのテーマを決めるともっと楽しい

料理の種類から、お酒の種類から、イベント（誕生日、クリスマスなど）からテーマを考える

みんなで集まるだけでも十分楽しいものですが、以下のようなテーマのあるパーティーは、私が参加して「あ～、楽しかったぁ」と記憶しているものです。エスニック料理、カレー料理など、テーマをしぼると聴きたい音楽も変わってきて、とてもおもしろいですよ～。

- **ワインテイスティングパーティー**
  イタリアワインやカリフォルニアワインに的をしぼって、ワインをテイスティングしながら料理を味わう。料理もワインに合うものを集めて。
- **バーベキューパーティー**
  ホストが作るお手軽料理といえばバーベキュー。ベランダなどで楽しむのにふさわしい。

- **おつまみパーティー**
  主に前菜とサラダ、そしてデザートだけという女子会向きのパーティー。
- **最後に食べるなら、コレ！ パーティー**
  「人生最後に食べるなら」を考えるパーティー。意外にも“おにぎり”だったりして、結構笑えます。
- **30ミニッツ準備パーティー**
  準備に30分以上かけてはいけないという制約つきのパーティー。気持ちが楽になります。

パーティーに招かれる側の

ゲストの心得

ここでは、「何か一品持ってきて」という持ちよりパーティーに招かれたときの
ゲスト側のポイントをお伝えします。
どうやって持っていくのがいいのか、どうすればステキに見えるのか、
パーティーを楽しんで、いい時間を過ごすにはどうすればいいのか、考えてみましょう。

Guest 心得1 その場で調理するものはなるべく控える

そのままテーブルに出せる料理がベスト

一品作っていくのがついついおっくうになって、「招待されたおうちでパスタを作ればいいかな」などと思ってしまいがちですが、ホストの家のキッチンはいろいろな作業があって使えない可能性が大。また、オリーブオイルやにんにくはある？　と聞かれたり、フライパンを出したりするだけでも、実はホストにとっては大変なことなのです。また、最後の仕上げはオーブンで、電子レンジで、とも思いがちですが、他のみんなも同じことを考えていたら全員がキッチンを使うことになってしまいます。多少冷めてもおいしい、温かくなくても大丈夫、という料理が一番好ましいのです。ただ、一人だけがパスタやごはん担当になっている場合は、事前に「食べる前にレンジで温めさせてね」と伝えておく方法はあります。あらかじめ言っておけば、ホストはゲストが入っても大丈夫なように、キッチンを片づけて、みんなが入りやすい空間を作っておくことができます。

基本は、その場で調理するものはなるべく控える、という気持ちで作っていきましょう。

Guest 心得2

持っていくときの方法に気を遣う

保冷剤を添えて、温度・衛生管理をきちんと

持っていくときに大切なのは、「暑い時期は保冷剤を添える」ということです。容器を包むときに下に保冷剤を置いては不安定なので、容器の上にのせて大きめのナプキンやふろしきでしっかり包みます（写真右参照）。

持っていったままの状態でテーブルにのせることになるので、味けないプラスチックの容器や保存袋に入れていくよりは、おしゃれな耐熱の器やお菓子の箱や缶、かごなどがあると便利です。子どもを連れていったりして、重い器を持っていくのは無理、という場合は、事前にホストに「大きめのお皿を1枚借りられるかな?」「すき焼き鍋と卓上コンロを借りてもいいかな?」と確認しておくことも大事です。大きな器がないおうちだって、卓上コンロがないお宅だってあるからです。

食べ物にとって、見た目はとても大切です。ただラップにくるんで出されたのでは、ちょっと余り物のような印象になってしまうし、おいしさも伝わらなくなってしまいます。私がおすすめしたいのは野田琺瑯のように、白くてシンプルなほうろうのバットやふたつきの容器。何を入れても絵になるし、壊れることもなく、そして軽い。さらにはオーブンでこのまま焼けるのだから、ラザニアやグラタンなんかを入れて持っていくのにもおすすめです。

ちなみに、取り分け用のスプーンやナイフなど、ホストの家に数がないこともあるので、準備していくととても喜ばれます。

布の中央に容器や器を置き、保冷剤をのせる。大きいものがなければ、小さいものを数個のせても。

手前の布を奥へ向かって容器にかぶせてから、奥の布を手前へかぶせる。

左右の布の端をしっかりと結ぶ。容器が動かないように固結びにする。

手前の布の端で結び目をくるみ、くるんだ箇所を持ち手とする。

Column

耐熱のキャセロールやかわいい空き缶なども利用して

オーブンも電子レンジもOKの耐熱のキャセロールは、持ちよりパーティーの強い味方。ふたがついているので持ち運びもしやすい（写真上）。また、プレゼントでいただいたしゃれたデザインのお菓子の箱や缶も取っておくと便利。小ぶりのかごやほうろうの容器もシンプルで使い勝手がよく、おすすめです（写真下）。

Guest 心得3 パーティーを上手にお開きにする

片づけと費用の精算はゲストが率先して行う

遅い時間になっても、ホストのほうから「そろそろお開きにしましょうか?」とは言い出しにくいもの。みんなが楽しんでいる姿を見ると、まだいいかな、と思ってしまう。でもゲストにとって一番大切な心得は、呼んでくれたホストを疲れさせずに帰ること。夜遅くならないうちに帰り支度をすることも思いやりです。

また、来たときよりもホストのキッチンをきれいにして帰ることも大事です。私のおうちにもたくさんの人が遊びに来ますが、何度呼んでも疲れないのは、必ず「一緒に片づけようよ。それからお茶にしよう」と動いてくれる友人。だから私も、誰かの家に遊びに行ったら、断られても(笑)さっさと洗って、ふける器はふいて、ゴミは燃えるゴミ、燃えないゴミに分けて、それからお茶を飲もうよ、ウィスキーを飲もうよ、と言います。1人で片づけるより、3人で片づければ時間は⅓。持ちよりパーティーのとても大事な思いやりです。

飲み物代の精算を、お金を払った人ではない人が率先してすることも大切です。払った人は、なんとなく言い出しにくいからです。「みんなで割ろうよ」と、精算をして、誰の負担にもならない持ちよりパーティーができたら最高ですね。

Let's Clean Up Together.

パーティーをもっと楽しく気軽にするための

前日＆当日のアイデア

- □ おうちの掃除をする
- □ 冷蔵庫を食べ物が入れられるように整理する
- □ かける音楽を決める ➔ P42
- □ 誰がどこに座るかを考える
- □ 子どもがたくさんいるときは、子どもセクションを準備する（DVD、ゲームを用意しておく）
- □ ライティングを工夫する ➔ P58
- □ お花を飾る ➔ P82
- □ 直前でなく、時間に余裕を持ってテーブルをセッティングする
- □ 食後の飲み物（お茶またはコーヒー）の用意をする
- □ 食べ物が足りないとき用のパスタや焼きそばなどを準備する

この本の使い方

- レシピの分量は、パーティーの人数、メンバーによって少なめ、多めにするなどして調節してください。
- 「包み方Tips」では、その料理を持っていくアイデアを提案していますが、料理を汁もれしない密閉容器に入れ、季節によっては衛生管理のために保冷剤とともに持っていくのが基本の方法と考えてください。
- 掲載の料理は、作りたてを食べてもおいしいので、ぜひお試しを。

本書のきまり

- ●小さじ１＝5ml、大さじ１＝15ml、カップ１＝200mlを使用しています。
- ●電子レンジは500Wを使用した場合の加熱時間です。600Wの場合は加熱時間を0.8倍にしてください。
- ●オーブンは方式や機種などによって差がありますので、様子をみながら加減してください。
- ●塩は粗塩を使用しています。

appetizers

前菜

Shall we begin with appetizers ?

前菜から、始めましょう

前菜はパーティー料理の中では、ちょっと刺激的な存在。最初の一杯を盛り上げる存在でもあります。だから「この組み合わせ、食べたことがないな」「こんなスパイス、使ったことがないな」と驚きを感じていただくこともちょっぴり大切。持ちよって誰かのおうちでパーティーをさせていただくのだから、あまり手をかけず、キッチンを汚さずに、作りたいものでもあります。作る時間がない場合は、生ハムセットや旬のお刺身を持っていくのもいいかもしれません。応用がきくディップもおすすめです。

私はイタリアのヴェニスなどにある“バーカロ”と呼ばれる居酒屋や、スペインのバルが大好きなんですが、こういう場所に行くと、いろいろな前菜がガラスの中に所狭しと並べられていて圧巻。眺めて、ちびちび飲みながら前菜だけつまんでいたら、とてもしあわせな気分になります。……という観点から言いますと、前菜とチーズだけのパーティーなんかも、パーティーのテーマとして楽しいかもしれません。

ちなみに、アボカドとすりごまを巻いただけの細いのり巻き、ゆで卵のみじん切りとピクルス、ケーパー、パセリなどをミックスしたディップとクラッカーの組み合わせなども手軽でおすすめです。持ちよりパーティーでホストが何も指示を出さない場合は、意外と肉のオンパレードになってしまったりするものなので（みんな気を遣っておなかにたまるものを持ってくるので）、ここはあえて野菜の前菜を持っていくのもいいかもしれません。まずは前菜で乾杯。ゆっくり楽しむ時間の幕開けです。

smoked salmon mousse

スモークサーモンのムース

→ レシピ P22

potato & sardine gratin

じゃがいもと
オイルサーディーンのチーズ焼き

レシピ P23

スモークサーモンのムース

ミキサーで攪拌《かくはん》すれば、生クリームを泡立てる必要もなく、簡単にふんわりしたムースができ上がります。冷やした白ワインとどうぞ。

材料（6〜7人分）
※3〜4人分の場合は半量でよい。

スモークサーモン …… 70g
牛乳 …… カップ1
板ゼラチン（水でふやかす）…… 6g
砂糖 …… 小さじ½
粗塩 …… 小さじ¾
生クリーム …… カップ1
卵 …… 2個
オリーブオイル（あればエクストラバージン）…… 少々
粗塩、黒こしょう（仕上げ用）…… 各少々
ディル（またはセルフィーユ、あさつきなど）…… 適宜

1 耐熱容器に牛乳を入れ、電子レンジで1分加熱する。水でふやかした板ゼラチンを、温かくなった牛乳に加えて溶かす。

2 ミキサーにディル、オリーブオイル、仕上げ用の塩、黒こしょう以外の材料をすべて入れ、30秒ほど攪拌《かくはん》する。

3 お好みの器に入れて冷蔵庫で冷やし固める。

memo お好みでディルなどを小さく切って飾る。おいしいオリーブオイルをかけて、塩、黒こしょうをパラパラとふる。

包み方 Tips

個々の容器に分け入れ、ラップをぴっちりと張って。輪ゴムでスプーンを固定したら、トレイにまとめて持っていく。大きい容器で冷やし固めて、先方で取り分けてもOK。

じゃがいもと オイルサーディーンの チーズ焼き

材料は手に入れやすいものばかりだけど、誰もが好きで、白ワイン、ハイボール、日本酒と何にでも合う万能選手。

材料（4〜5人分）
※作りやすい分量。人数が多い場合は調節する。

じゃがいも（メークイン）…… 3個
オイルサーディーン缶 …… 1缶
玉ねぎ …… ½個
オリーブオイル …… 大さじ1
粗塩 …… 小さじ1
グリュイエールチーズのすりおろし（または溶けるタイプのチーズ）…… カップ1
生クリーム …… カップ½
黒こしょう …… 適量
乾燥ローズマリー、ナツメグ …… 各適宜

1 玉ねぎは薄切りにしてラップでくるむ。じゃがいもは洗ってラップでくるみ、玉ねぎとともに電子レンジで8〜10分加熱して柔らかくする。じゃがいもは粗熱がとれたら皮をむき、6㎜厚さに切る。オーブンは200度に予熱する。

2 耐熱容器にオリーブオイルをひき、じゃがいも、塩の半量（小さじ½）、玉ねぎ、残りの塩（小さじ½）と重ねる。その上にオイルサーディーンを並べたら、チーズをのせ、生クリームをかける。黒こしょうをふり、お好みでローズマリー、ナツメグをふる。オーブンで10分ほど焼いたらでき上がり。

包み方 Tips

容器にラップをかけ、上からペーパーナプキンをかぶせる。大きめの輪ゴムで固定したら、布で包んで持っていく。冷めてもおいしいけれど、容器ごとオーブンで温め直しても。

egg & tomato pickles

卵とトマトのピクルス

レシピP26

spicy avocado dip

ピリ辛アボカドディップ

レシピP26

seafood marinade

魚介のマリネ

➔ レシピ P27

edamame mousse

枝豆のムース

➔ レシピ P27

卵とトマトのピクルス

卵とトマトさえあればできてしまう、お手軽ピクルス。ゆで卵は圧力鍋を使って作ると、スピーディーに作業ができます。前日に作って、味をなじませて。

材料（6〜8人分）
※3〜4人分の場合は半量でよい。

卵 …… 8個
プチトマト …… 10個
【ピクルス液】
- 白ワイン（または水）…… カップ1½
- りんご酢（または米酢）…… カップ1½
- 粗塩 …… 大さじ1½
- 砂糖 …… 大さじ3
- 黒粒こしょう …… 適量
- ローリエ …… 1枚

レモン（飾り用）…… 適宜

1　水をはった鍋に卵を入れて、火にかける。沸騰するまでに3回静かにかき混ぜ、沸騰したら弱火にして7分ゆでる。すぐに湯を捨てて流水にさらし、殻をたたいてひびを入れ、水につける（ひびから水が入ってむきやすくなる）。
※圧力鍋の場合は、沸騰してから3分圧をかけ、そのあと急冷する。

2　卵の殻をむき、洗ったトマトと一緒に瓶に入れる。

3　鍋にピクルス液の材料をすべて入れて沸騰直前まで熱し、瓶に注ぐ。お好みで輪切りにしたレモンを加える。

包み方 Tips

ぴっちり密閉できる瓶に詰めて持っていく。布で瓶を包み、取り皿とサーブするトングと一緒にBOXに入れて。瓶は、あらかじめ熱湯を回しかけ、消毒しておくとベスト。

ピリ辛アボカドディップ

チリパウダーなどのスパイスをたっぷり入れた、ちょっと大人のアボカドディップ。子ども用にはスパイスなしを別に作るといいですね。

材料（4人分）
※作りやすい分量。人数が多い場合は調節する。

アボカド …… 1個
玉ねぎ（あればエシャロット）のみじん切り
…… 大さじ3
ライム（またはレモン）のしぼり汁 …… ½個分
ライム（またはレモン）の皮のすりおろし
…… ½個分
チリパウダー …… 小さじ¼
クミンパウダー …… 小さじ¼
ガラムマサラ …… 小さじ¼
コリアンダーパウダー …… 小さじ¼
粗塩 …… 小さじ⅔
マヨネーズ …… 大さじ1
トルティーヤチップス（またはポテトチップス）
…… 適量

1　玉ねぎのみじん切りは15分ほど水にさらし、えぐみを取る。

2　アボカドは縦半分に切り、種を取って皮をむく。ボウルにチップス以外の材料をすべて入れ、フォークでよく混ぜる。ジャムの空き瓶など、ふたのついた瓶に入れる。

memo　トルティーヤチップスの代わりにポテトチップスやフランスパンの薄切りなどにつけてもおいしい。野菜スティックもおすすめ。ビールやハイボール、さっぱりしたワインによく合う。

包み方 Tips

ディップの瓶は、チップス、ペーパーナプキン、取り分けるスプーンと一緒にかごに入れて持っていく。先方では、かごを器として盛りつける。暑い時期は保冷剤を添えて。

魚介のマリネ

冷凍庫にシーフードミックスがあれば、急にお呼ばれしたときでも焦らない一品。そのままでもおいしいけれど、サラダ菜やチコリにのせて食べても。

材料（4～5人分）
※作りやすい分量。人数が多い場合は調節する。

冷凍シーフードミックス …… 350g
【マリネ液】
- すし酢 …… 大さじ３
- オリーブオイル …… 大さじ３
- シェリーヴィネガー（またはレモンのしぼり汁） …… 大さじ１
- 粗塩 …… 小さじ¼

紫玉ねぎ（または玉ねぎ） …… 小½個
きゅうり …… １本
セロリ …… ⅓本
香菜《シャンツァイ》 …… ２本（または青じそ10枚）
レモンの皮のすりおろし（お好みで） …… ½個分

1　シーフードミックスは沸騰した湯に入れて20秒ほどゆで、ざるに上げて水けをきる。短めにゆでないと、すぐに固くなってしまうので注意。紫玉ねぎはみじん切り、きゅうりとセロリは、ともに縦に４等分してから薄切りにする。香菜は茎も含めて細かく刻む。

2　ボウルにマリネ液の材料と**1**の野菜を入れて混ぜ合わせたら、**1**のシーフードミックス（温かいままでよい）を加えて混ぜ、そのまま冷ます。粗熱がとれたら冷蔵庫で冷やす。

memo　食べる直前に、お好みでレモンの皮のすりおろしを混ぜると、さわやかな香りが加わる。意外にも、グラッパとの相性が抜群。

包み方 Tips

クリアなガラスの器などに入れると中身が透けて見え、華やかな印象に。リボンを巻いて、プレゼント風にしてもおしゃれ。暑い時期は、保冷剤とともに持っていく。

枝豆のムース

冷凍枝豆を活用したら、10分もかからずにできてしまう、お手軽なのに本格的に見える前菜。枝豆の代わりに冷凍コーンで作ってもおいしい。

材料（4～5人分）
※作りやすい分量。人数が多い場合は調節する。

冷凍枝豆（皮を除いて） …… カップ１
　※生の枝豆で作る場合はゆでて使う。
豆乳（または牛乳） …… カップ１
板ゼラチン（水でふやかす） …… ４g
粗塩 …… 小さじ⅔
砂糖 …… 小さじ½
生クリーム …… カップ½
卵白 …… １個分
オリーブオイル（仕上げ用／あればエクストラバージン） …… 少々
粗塩（仕上げ用） …… 適宜

1　耐熱容器に豆乳を入れ、電子レンジで１分半加熱する。水でふやかした板ゼラチンを、温めた豆乳に加えて溶かす。

2　ミキサーに仕上げ用の粗塩とオリーブオイル以外の材料をすべて入れ、30秒ほど攪拌《かくはん》する。

3　小さめの鍋や器に入れて冷やす。仕上げにおいしいオリーブオイルを少しかけると、さらにおいしくなる。

memo　食べるときにお好みで少量の粗塩をふると、パンチのきいた味になる。

包み方 Tips

冷やし固めた鍋ごと布で包んで持っていく。鍋の取っ手に布の端を通すようにして結ぶと、固定されてほどけにくい。食べるときは器に取り分けて。人数分、小さい器に分けて持っていっても。

onion & ham quiche

玉ねぎとハムのキッシュ

レシピ P30

pork ribs & liver pate

豚ばらとレバーのスパイシーパテ

→ レシピ P31

玉ねぎとハムのキッシュ

キッシュとサラダ、そしてお酒があれば、それだけでしあわせなブランチパーティーができます。そのままでもいいけれど、温め直してもとてもおいしい。ワインやビールと。

材料（直径22㎝のタルト型１台分）

【生地】
- バター …… 80ｇ
- 卵 …… １個
- 薄力粉 …… カップ２
- はちみつ …… 大さじ１
- 粗塩 …… 小さじ⅓
- 砂糖 …… 大さじ１
- 水 …… 大さじ１

【中身】
- 玉ねぎ …… 小１個
- スライスハム …… 10枚
- バター …… 10g
- 粗塩 …… 小さじ¼
- 黒こしょう（ひいたもの） …… 小さじ½

【卵生地】
- 卵 …… ２個
- 生クリーム …… カップ½
- 牛乳 …… カップ½
- 粗塩 …… 小さじ¼
- 黒こしょう …… 少々
- ナツメグ …… 少々

溶けるタイプのチーズ …… カップ１

1 生地を作る。フードプロセッサーに材料をすべて入れ、20〜30秒攪拌《かくはん》する。水分が足りないようだったら、水を少しずつ足して、ひとつのかたまりになるようにする。２枚のラップの間にはさんで、めん棒などで５㎜くらいの厚さになるまでのばす。型に敷きつめ、50ヵ所ほどフォークで穴をあけたら、そのまま冷凍庫に10分ほど入れる。

2 冷凍庫で生地を冷やしている間に玉ねぎを薄切りにする。ラップでくるみ、電子レンジで６分ほど加熱して甘みを出す。オーブンは170度に予熱する。

3 生地をオーブンで10分ほど下焼きする。
※冷凍庫から出してすぐに焼くこと。冷たいものをすぐに焼かないと、生地がだれて型の中に沈んでしまう。

4 中身を作る。弱火で熱したフライパンにバター、**2**の玉ねぎを入れ、しんなりするまで３分ほど炒める。塩、黒こしょうで味をつける。ハムは縦に３等分してからせん切りにする。

5 卵生地を作る。ボウルに材料をすべて入れて混ぜる。**4**のハム、玉ねぎを加え、全体を混ぜる。

6 **3**の生地の上全体にチーズをのせ、その上に**5**の生地を流しこむ。オーブンで35〜45分焼いたらでき上がり。途中で焦げそうになったら、アルミホイルをかぶせる。

包み方 Tips

持っていくときは、型に入れたままがベスト。型ごとアルミホイルでしっかりくるんでから盛りつける器にのせ、布で包んで。オーブンで温め直すのも、型ごとなら簡単。

豚ばらとレバーの スパイシーパテ

フードプロセッサーにすべての材料を入れて混ぜたら、あとは焼くだけの簡単レシピ。シナモンの風味が新鮮なアクセントに。余ったら薄く切って、サンドイッチにしても。

材料（18×6×7㎝のテリーヌ型1台分／直径13㎝の丸型でもよい）

豚ばら薄切り肉 …… 150g
鶏レバー …… 150g
玉ねぎ …… 小½個（大なら⅓個）
卵 …… 2個
オリーブオイル …… 大さじ1
ウィスキー（またはブランデー）…… 大さじ1
牛乳 …… カップ½
粗塩 …… 小さじ1
砂糖 …… 小さじ½
ナツメグ、シナモンパウダー、黒こしょう …… 各小さじ¼
ピスタチオ（お好みで／皮を除いて）…… 大さじ3
オリーブオイル、粗塩、粒マスタード（仕上げ用）…… 各適宜

1 オーブンは150度に予熱する。鶏レバーはよく洗ってきれいにする。豚ばら肉は5㎝長さに切り、玉ねぎは薄切りにする。

2 フードプロセッサーに仕上げ用以外の材料をすべて入れ、30〜40秒攪拌《かくはん》する。
※お好みでピスタチオを加えてもおいしい。その場合、ピスタチオは最後に加え、一瞬だけ攪拌《かくはん》する。

3 型にバター（分量外）を塗り、**2**を流し入れる。全体をアルミホイルでくるむ。ふたがあればふたをするだけでよい。

4 天板に割り箸をのせ（温度の伝わり方をマイルドにするため）、**3**をのせる。水を天板のフチぎりぎりまではり、1時間10〜20分加熱する。

5 焼き上がったら、ふわふわした食感がお好みならそのままで、固いほうがお好みなら上に重い皿などで重しをする（私はそのままが好み）。粗熱がとれたら冷蔵庫で最低3時間は冷やしてから持っていく。できれば前日に作っておくとよりおいしい。

memo スライスして器に盛りつけたら、お好みでオリーブオイルや粗塩、粒マスタードを添える。相性がいいのは、赤ワインや、甘口の白ワインなど。

包み方 Tips

バゲットなど、パンとともに持っていくと喜ばれるはず。ふたつきの型ならそのまま、ない場合は、型全体をアルミホイルでくるんでから布で包む。暑い時期は保冷剤を添えて。

クリームチーズとナッツのディップ

ディップはアメリカのポットラックパーティーでもみんなが持ってくる定番人気メニュー。なぜかというと、それは作るのが簡単だから。これはお酒も進むディップです。

包み方 Tips

ディップはふたつきの瓶や密閉容器に入れる。持っていった先方でそのままサーブできるよう、ディップとパン、フルーツごと大きめの器にのせ、布で包む。

材料（6～8人分）
※3～4人分の場合は半量でよい。

【ディップ】

- クリームチーズ …… 200g
- くるみ …… 100g
- はちみつ …… 小さじ1
- オリーブオイル …… 小さじ2
- 粗塩 …… 小さじ¼
- 黒こしょう …… 小さじ½
- オリーブ（グリーンでもブラックでも）…… 12粒

お好みのパン（またはクラッカー）…… 適量
ざくろ（またはレーズン、いちじくなど）…… 適宜

1 クリームチーズは室温に戻して柔らかくする。くるみは弱火にかけたフライパンで3分ほどいって、水分をとばす。

2 くるみはポリ袋に入れてめん棒や瓶でたたき、軽く砕く（食感を残したいのであまり細かく砕きすぎない）。オリーブは種のまわりを包丁でこそぎ、細かく刻む。

3 ディップの材料をすべてボウルに入れ、よく混ぜる。お好みのパンにつけて食べる。

memo ざくろがシーズンであれば、半分に切り、切った面を下に向け、めん棒などでトントンとたたいて果肉を出すとよい。飾ると彩りがきれいなので、ぜひ。レーズンやいちじく、洋なし、オレンジ、いちご、ブルーベリーなども合う。

cream cheese & nuts dip

tuna lemon marinade

まぐろのレモンマリネ

あまり高価でないまぐろでも、さわやかなソースを合わせれば、ワインにピッタリ合う一品となります。まぐろ以外に、白身魚でも合いますよ。

材料（6～7人分）
※3～4人分の場合は半量でよい。

まぐろ（ばちまぐろ、めじまぐろ、びんちょうまぐろなど）…… 400g
※大きめのさく1つ。小さめのさくなら2つ。

【マリネ液】
- レモンのしぼり汁 …… 1個分
- レモンの皮のせん切り …… ½個分
- 粗塩 …… 小さじ1
- オリーブオイル …… 大さじ4

玉ねぎ（あれば紫玉ねぎ）のみじん切り …… 大さじ2
パン粉 …… 大さじ2
プチトマトのみじん切り …… 大さじ2
ケーパー …… 大さじ2
イタリアンパセリのみじん切り …… 適宜

1 まぐろは白っぽい色のお手軽なもの、冷凍物で十分おいしくできる。余分な水け（ドリップ）をキッチンペーパーでふき取り、6㎜厚さの斜め切りにする。

2 マリネ液の材料をすべてボウルに入れ、まぐろを加えて混ぜる。玉ねぎのみじん切りとパン粉を加えて混ぜ、密閉容器に入れる。彩りとして、プチトマトやケーパー、イタリアンパセリを散らす。

memo スパークリングワインやさっぱりした白ワイン、冷やした日本酒などがよく合う。

包み方
Tips

ほうろうのランチボックスなど、密閉容器にきれいに並べて持っていく。上に保冷剤をのせ、大きめのキッチンクロスなどで包む。メッセージカードを添えても。

sicilian style eggplant gratin

シチリア風なすのグラタン

レシピ P38

fruit tomato bruschetta

フルーツトマトのブルスケッタ

→ レシピ P39

シチリア風なすのグラタン

シチリアで前菜として食べたもの。熱々もおいしいけれど、冷やして食べるのも意外にも美味。ぜひ、イタリアワインと。

材料（5～6人分／18×18×6㎝の耐熱容器1個分）

なす …… 3本
粗塩 …… 小さじ⅔
薄力粉 …… カップ½（55g）

【トマトソース】

- トマト水煮缶 …… 1缶（400g）
- オリーブオイル …… 大さじ2
- 粗塩 …… 小さじ½
- 砂糖 …… 小さじ½

オリーブオイル …… 約カップ½
※安いものでよい。
モッツァレラチーズ …… 1個
パルメザンチーズ …… カップ1
溶き卵 …… 1個分
溶けるタイプのチーズ …… カップ½

1 トマトソースを作る。トマト水煮は手でつぶしながら大きめの耐熱容器に入れる。残りのソースの材料をすべて加え、ラップなしで電子レンジで10分ほど加熱する。その後、オーブンを200度に予熱する。

2 なすはへたを切り落とし、縦に5㎜ほどの厚さに切り、塩をふる。水けが出てくるがふかなくてよい。薄力粉を全体にまぶす（なす自体の水けで薄力粉がつく）。

3 フライパンでなすを炒める。オリーブオイルを少しずつ加え、なすが全部吸ってしまわないようにする。中火で表側3分、裏側2分が目安。

4 モッツァレラチーズはちぎる。容器の一番下にトマトソースを薄く敷く。その上になすを敷きつめ、トマトソース、モッツァレラチーズ、と層になるようにのせる。パルメザンチーズ大さじ3をのせたら、もう一度、残りのなす、トマトソース、モッツァレラチーズと繰り返し、最後に残りのパルメザンチーズと溶き卵をかける。さらに溶けるタイプのチーズをのせ、オーブンで10～12分焼く。

memo あっさりした味わいにしたいなら、最後に溶けるタイプのチーズはチーズはのせなくてもよい。

前日に作って、冷やしておいたものもおいしいし、耐熱容器ごと温め直してもおいしい。器はラップでしっかりくるみ、ワックスペーパーで覆ってレースペーパーをのせ、リボンをかける。サーバー類とお花を添えてプレゼント風に。

フルーツトマトのブルスケッタ

フルーツトマトはちょっと高いけれど、持ちよりパーティーに持っていくならば、ぜひここは奮発してみてください。普通のトマトで作るブルスケッタとは味わいが全然違います。

材料（4〜6人分）
※作りやすい分量。

【ブルスケッタソース】
- フルーツトマト …… 5〜6個（切って2カップ分）
- にんにく …… 1かけ
- バジルのみじん切り（あれば）…… 大さじ1
- オリーブオイル …… 大さじ3
- バルサミコ酢 …… 小さじ1
- 粗塩 …… 約小さじ½
- 砂糖 …… 小さじ½

バゲット …… 1本
にんにく …… 1かけ
オリーブオイル …… 大さじ4
パルメザンチーズ（お好みで）…… 大さじ1

1 フルーツトマトは7㎜角に切る。にんにくは半分に切って、切り口をボウルにまんべんなくこすりつけ、香りを移す。ブルスケッタソースの材料をすべてボウルに入れ、全体を混ぜたら味をみて（味が濃いトマトもあるので）、塩分を調節する。

2 バゲットは縦に2等分し、裏から横に切り目を入れる（食べるときに手でちぎりやすいように）。にんにくを半分に切り、バゲットの（縦方向の）切り口にこすりつけ、さらにオリーブオイルをしみこませる。持っていくときはバゲットを切り口同士で元どおりに合わせ、ワックスペーパーやラップでくるむ。

3 バゲットをオーブンまたはトースターで焼く（トースターの場合は切れ目で小分けしてから）。器に盛りつけたらソースをたっぷりのせ、お好みでパルメザンチーズをかけて食べる。

包み方 Tips

ブルスケッタソースはふたつきの密閉容器に入れ、ワックスペーパーでくるんだバゲット、バゲットを盛りつけるボード（皿でもよい）、ペーパーナプキンとともにかごに入れて持っていく。パンは先方で焼かせてもらうと熱々が楽しめる。

shrimp & vegetables dip

gizzards confit

えびと野菜のディップ

季節の野菜をいろいろ合わせてできるおすすめメニュー。見た目が華やかなので、持っていった先で喜ばれます。さっとゆでた帆立て貝などを加えても豪華。

材料（4〜6人分）
※人数が少ない場合は調節する。

むきえび …… 200g
かぶ …… 4個
セロリ …… ½本
パプリカ（赤・黄色）…… 各½個
※どちらか1個でもよい。
プチきゅうり …… 5本

【ディップ】

マヨネーズ …… カップ½
ケチャップ …… 大さじ2
レモンのしぼり汁 …… ½個分
レモンの皮 …… ½個分
粗塩 …… 小さじ½

お好みのハーブ（ディル、セルフィーユなど）…… 適量

1　むきえびは塩大さじ1（分量外）をふって、全体をよくもむ。塩を洗い流してから沸騰した湯で30秒ほどゆで、流水でさっと洗う（ゆですぎるとえびが固くなるので注意）。

2　野菜は皮をむくものはむき、それぞれ食べやすい大きさに切る。

3　ディップの材料をすべてボウルに入れ、よく混ぜてから瓶に入れる。

4　食べる直前にお好みのハーブとともに器に盛りつけたらでき上がり。

包み方 Tips

ディップを入れる瓶は密閉できて、そのまま器としても使えるものが理想。野菜類、えびは水けをきちんときり、それぞれポリ袋に入れて持っていき、先方できれいに盛りつける。

砂肝とオリーブのローズマリー風味

なんと、幼稚園児に大人気で（笑）、作った日に大人が食べられなかったメニュー。砂肝の代わりに、レバーで作ってもおいしい。この場合は大人のおつまみに。

材料（4人分）
※作りやすい分量。人数が多い場合は調節する。

砂肝 …… 250g
グリーンオリーブ …… カップ¼
（約12粒）
粗塩 …… 小さじ1½
オリーブオイル …… カップ½
※安いものでよい。
にんにく …… 1かけ
黒粒こしょう …… 10粒
ローズマリー …… 適量

1　砂肝はさっと洗って一口大に切る。にんにくは薄切りにする。

2　鍋に砂肝を入れ、塩をふって全体にからめたら、オリーブオイル、にんにく、黒粒こしょうを加える。

3　鍋を中火にかけ、沸騰したら弱火にし（ふたはしない）、ときどきかき混ぜながら5分ほど煮る。火を止めたらオリーブとローズマリーを加え、そのまま鍋ごと冷ます。瓶などの密閉容器に入れる。4時間以上おいたほうがおいしい。

包み方 Tips

相性のよい赤ワインと一緒に布で包んで持っていきたい。もし余ったらサラダにのせてね、とおみやげにしても。

音楽は空気に色をつけてくれる
絵の具のような存在

special party tip 1

音楽について

パーティーをするうえで、音楽はとても大切です。というより、お酒や食事にとって音楽はこの上なく大切なパートナーです。音楽にはその場の雰囲気を大人っぽくしたり、明るくしたり、楽しくしたり、穏やかなものにしたり、ムードを一瞬で変化させる力があります。私は掃除をするときや、仕事中、あるいは運動しているときはリズムをカラダで感じるような音楽を聴きますが、静かに会話を楽しみたいときは、ジャズピアノやジャズボーカルを選びます。私の三大好きなジャズアーティストが（私の他の本を読んでくださった方はご存知でしょう）、ビル・エバンス、マイルス・デイビス、キース・ジャレットであることは変化しません。でも最近、ジャズ以外でも、友人に紹介されて好きになったアーティストでおすすめは、INO hidefumi（『Satisfaction』）、Nujabes（『Modal Soul』）、Kero One（『Windmills of the Soul』）、au（『Lang』）、toe（『For Long Tomorrow』）など。どれも胸の奥深くに響きわたる音楽です。

私にとって音楽は友だちに近い存在ですが、相手が音楽であれ、お酒であれ、そして旅であれ、とことん知り合うには、時を重ねていくしかありません。それもCDを聴くだけではなく、ときには無理をしてでもライブに行く経験がとても大切。アーティストのパフォーマンスを見ると、その人の音楽だけでなく、人柄が見えてきます。どんな感じでスタッフと協力し合って曲を作り上げていっているのかも見えてくる。そして、そういうプロセスを通すと、その人のことが好きになります。ちょっぴり背伸びをして、ブルーノートに、コットンクラブに、武道館に。少しずつジャンルを広げて、新しい音楽を、そして新しい自分を探してみてください。

salads

サラダ

Let's make yummy salads!

おいしいサラダを作ろう！

女子会に重要なものは、ズバリ、サラダです。一番罪悪感なく食べ続けられるからです（笑。ただ“チリもつもれば山となる”ので、量を見極めるのはとても大事）。私自身は肉食女子ではありますが、飲んでいる間はずーっと何かをつまみ続けていたいので、お野菜系があるとほっとします。アメリカで人気の一品というと、野菜とディップでしょうか。にんじんやセロリなどをスティック状に切って、どーんと袋に入れて持ってきてくれます。それをディップやドレッシングにつけて食べるのですが、ヘルシーだと思って食べすぎると結果的には高カロリーになるので、要注意な一皿ではありました。

サラダを作るうえで大切なことは、葉物野菜をドレッシングであえる場合は、食べる直前にあえるということです。なんとなく気が焦ってしまい、前もってあえてしまいがちですが、葉物は塩分にふれた瞬間から水を出し、しんなりしてしまうのです。私がサニーレタスやルッコラなどの葉物野菜でサラダを作るときは、必ず食べる直前に、まずはオリーブオイルやごま油であえてから、塩やレモン汁を足していきます。油で野菜をコーティングすることで、しんなりするのを防げるからです。

また、葉物野菜用ドレッシングにお悩みの方は、ぜひ良質のオリーブオイルとバルサミコ酢を手に入れることをおすすめします。“良質＝高いもの”ではありません。オリーブオイルでいえば、果実みを感じるもの。バルサミコ酢でいえば、甘みと深みを感じるものです。この２種類とおいしい粗塩が手に入れば、もう、ドレッシングはいりません。塩でいうと、最近は秋田の“男鹿半島の塩”という塩、好きだなぁ。

grilled vegetables

グリル野菜

**生のサラダは持っていくのが難しいですが、野菜をグリルしたら簡単。
パーティーのときの人気メニューです（遊んでいても、健康にはなりたいですもん!）。**

材料（4人分）
※作りやすい分量。人数が多い場合は調節する。

しいたけ …… 5個
（またはエリンギ、マッシュルームなど各1パック）
ズッキーニ …… 1本
モロッコいんげん …… 5本
なす …… 1本
玉ねぎ …… 大1個
パプリカ（赤・黄）…… 各½個
にんじん …… 大1本
※野菜は家にあるものでよい。

【ソース】
粗塩 …… 小さじ1
レモンのしぼり汁 …… ½個分
オリーブオイル …… 大さじ4
にんにくのすりおろし …… 小さじ1
はちみつ …… 大さじ1
チキンスープの素（顆粒タイプ）…… 小さじ2

レモンの皮のすりおろし（お好みで）…… ½個分
赤唐辛子のみじん切り（お好みで）…… 少々
タイム（お好みで）…… 各少々

1 オーブンは190度に予熱する。しいたけは斜めに半分、ズッキーニはへたを除いて縦に7㎜厚さ、モロッコいんげんは斜めに半分、なすはへたを除いて縦に8㎜厚さ、玉ねぎは皮をむいて横に8㎜厚さ、パプリカは種とへたを除いて縦に2㎝幅、にんじんはへたの部分を除いて縦に7㎜厚さに切る。火が通る時間が全部同じになるように、固いものは薄めに、柔らかいものは厚めに切る。

2 大きめのボウルにソースの材料をすべて入れ、1の野菜を入れてあえる。天板にクッキングシートを敷いて野菜をソースごと並べ、オーブンで20～25分焼く。

memo 最後にお好みでレモンの皮のすりおろしをかける。赤唐辛子のみじん切りを散らしてもおいしい。

包み方
Tips

野菜の粗熱がとれたら、ワックスペーパーを敷いた平たいかごに入れて持っていく。お好みでローズマリーやタイムを一緒に入れると、いい香りが移る。

チキンとじゃがいものサラダ

メイン料理にもなるようなしっかり系のサラダ。そのままでもおいしいですが、料理が足りないときなどは、パンにはさんで食べるとおなかにたまる一皿に！

材料（4〜5人分）
※作りやすい分量。人数が多い場合は調節する。

鶏胸肉（またはもも肉）…… 1枚
じゃがいも …… 3個
玉ねぎ（または紫玉ねぎ）…… 小½個
【ソース】
- 牛乳 …… カップ½
- マヨネーズ …… 大さじ3
- 卵黄 …… 1個分
- 粒マスタード …… 小さじ2
- 粗塩 …… 小さじ⅔
- 砂糖 …… 大さじ1
- オリーブオイル …… 大さじ2

パセリのみじん切り …… 大さじ3

1　玉ねぎは薄切りにして海水程度の濃度の塩水（約3％／分量外）にさらす。鶏肉は皮を取り除き、半分の厚さに切って1カップの水と鍋に入れて火にかける。弱火で5分ほどゆでたら火を止めてそのままおき、余熱で火を通す（鶏肉が柔らかく仕上がる）。

2　じゃがいもはさっと洗い、ラップでくるんで電子レンジで加熱する。1個につき3分が目安。まずは7〜8分加熱して様子をみる。火が通ったら皮をむき、5㎜厚さの薄切りにする。

3　ボウルにソースの材料をすべて入れ、混ぜ合わせる。**1**の鶏肉の粗熱がとれたら手でさいて加え、水けをきった**1**の玉ねぎと**2**のじゃがいもを加える。全体を混ぜ、器に入れて冷やす。

4　パセリのみじん切りを散らす。

包み方 Tips

容器に保冷剤をのせ、キッチンクロスなどで包んで持っていく。ここでは、ガラスの容器に、ほぼ同じサイズの丸い皿をふた代わりに使用した。

chicken & potato salad

seafood couscous salad

魚介のクスクスサラダ

**クスクスはあまりなじみのない食材ですが、一度作ってみれば、調理はとても簡単。
パスタをゆでるより、ごはんを炊くよりずっと楽。サラダにもピッタリなのでお試しを！**

材料（6〜7人分）
※作りやすい分量。3〜4人分の場合は半量でよい。

冷凍シーフードミックス …… 小1袋（約230g）
クスクス …… カップ1
熱湯 …… カップ1
粗塩 …… 小さじ½
鶏がらスープの素（練りタイプ）…… 小さじ½
（顆粒タイプなら小さじ⅔）
オリーブオイル …… 大さじ4
プチトマトのみじん切り …… 4個分
きゅうりのみじん切り …… 1本分
セロリのみじん切り …… ½本分
コリアンダーパウダー、クミンパウダー、チリパウダー
（お好みで）…… 各小さじ¼

1 シーフードミックスはボウルに入れ、熱湯に20秒ほどつけて解凍し、ザルにあげる。柔らかさを残すため、ゆでたりしないほうがよい。大きめのボウルにクスクスを入れ、分量の熱湯を回しかけて3分ほどおく。

2 水けをきったシーフードミックスと残りの材料をすべてクスクスのボウルに加え、全体をざっくり混ぜてでき上がり。

包み方 Tips

ガラスやプラスチックの密閉容器に入れて持っていく。容器が味けないときは、器も一緒に持っていき、先方で盛りつけるとよい。暑い時期なら容器に必ず保冷剤をのせてから、キッチンクロスなどで包む。食べるときは冷たいままでもよいし、電子レンジで温め直してもおいしい。

apple & broccoli salad

りんごとブロッコリーのサラダ

レシピ P54

beans & avocado salad

豆とアボカドのサラダ

レシピ P54

chicken & lotus root salad

鶏肉とれんこんのサラダ

➔ レシピ P55

grilled mushrooms

ミックスきのこのグリル

➔ レシピ P55

りんごとブロッコリーのサラダ

子どもが好きなりんごとブロッコリーで作ったサラダ。大人向けには玉ねぎを入れていますが、子どもの分は玉ねぎなしで作るのがおすすめ。

材料（6人分）
※作りやすい分量。3～4人分の場合は半量でよい。

りんご …… 大１個
ブロッコリー …… １個
紫玉ねぎ（または玉ねぎ）…… ½ 個

【カレードレッシング】

カレー粉 …… 小さじ１
ツナフレーク缶 …… 1缶（80ｇ）
マヨネーズ …… 大さじ４
牛乳 …… カップ ¼
粗塩 …… 小さじ ½
すし酢 …… 大さじ２
オリーブオイル …… 大さじ２

1 紫玉ねぎは半分に切って薄切りにし、水に20分ほどつける。

2 ブロッコリーは一口大に切る。熱湯２カップに塩大さじ１を入れ（分量外）、ブロッコリーを少し固めにゆでる（ここで下味をつける）。

3 りんごはよく洗い、皮つきのまま８等分に切ってから種を取り、４㎜厚さのいちょう切りにする。

4 ミキサーにカレードレッシングの材料をすべて入れ、20秒ほど攪拌《かくはん》する。

5 紫玉ねぎの水けをきってボウルに入れ、**2**、**3**、**4**を加えて全体を混ぜる。

包み方 Tips

キャセロールなどふたのついた器に入れ、保冷剤をのせてからキッチンクロスなどで包む。ここでは、サーバーごと容器を輪ゴムで固定した。

豆とアボカドのサラダ

アボカドのドレッシングであえたサラダ。すべてを混ぜ合わせるだけの簡単サラダですが、白ワインやビールにとても合います。

材料（6人分）
※作りやすい分量。3～4人分の場合は半量でよい。

豆の缶詰（お好みのもの）…… １缶（425g）
※ホワイトビーンズ、ブラックビーンズ、キドニービーンズ、大豆、ひよこ豆など何でもよい。
セロリ …… ½ 本
プチトマト …… ５個
香菜《シャンツアイ》（またはイタリアンパセリ）のみじん切り …… 大さじ１

【ドレッシング】

アボカド …… ２個
オリーブオイル …… 大さじ２
マヨネーズ …… 大さじ３
レモンのしぼり汁 …… １個分
レモンの皮のすりおろし …… １個分
はちみつ …… 大さじ１
粗塩 …… 小さじ１
クミンシード（あれば）…… 小さじ１
（またはコリアンダーパウダー小さじ ½）

1 セロリは筋を取り、縦に４等分してからみじん切りに、プチトマトはへたを取ってみじん切りにする。豆はさっと洗う。

2 アボカドは種と皮を取り、ボウルに入れてフォークでつぶす。**1**と残りの材料をすべて加え、全体をよく混ぜたらでき上がり。

包み方 Tips

キャセロールなどふたつきの器に入れ、布で包んで持っていく。暑い時期は保冷剤も一緒に入れること。

鶏肉とれんこんのサラダ

れんこんは扱うのが大変そうという方もいらっしゃいますが、このシャキシャキ感はサラダとして最高です！　鶏肉もレンジで蒸すことができるので、手間いらず。

材料（4～5人分）
※作りやすい分量。人数が多い場合は調節する。

鶏胸肉（またはもも肉）……１枚
れんこん……10㎝（約200g）
さやいんげん……１袋（約15本）
酒……大さじ２

【ドレッシング】
ゆずこしょう……小さじ１
マヨネーズ……大さじ４
レモンのしぼり汁……⅓個分
粗塩……小さじ¼
砂糖……小さじ½

1　鶏肉はゆでてもよいが、電子レンジで蒸すと簡単。皮を取り除き、両面に50ヵ所ほどフォークで穴をあける。平たい耐熱容器に割り箸を置き、その上に肉をのせて酒を回しかける。そのままレンジで３分ほど加熱したら、ラップをかけて２分ほどおく（余熱で火を通す）。粗熱がとれたら食べやすい大きさに切る。
※ゆでる場合は、沸騰した湯に入れて弱火で５分くらいが目安。

2　鍋に湯をわかして塩と酢各少々を入れ（分量外）、７㎝長さの斜め切りにしたさやいんげんをゆでる。れんこんは３㎜厚さの半月切りにし、さやいんげんが柔らかくなってきたら鍋に加え、30秒ほどゆでてともにざるに上げる。

3　ボウルにドレッシングの材料をすべて入れて混ぜ、**1**と**2**を加えてあえたらでき上がり。温かくても冷たくても、どちらもおいしい。

包み方 Tips

密閉できるほうろう容器に入れ、キッチンクロスなどの布で包む。普通に四隅を結んでもよいが、太く長いゴムでとめても。暑い時期は保冷剤も一緒に入れて。

ミックスきのこのグリル

きのこを焼いただけなのに、お酒にとても合う一品。オリーブオイルをごま油にかえると一気にアジア風味になります。お好みで香菜を散らして。

材料（6人分）
※作りやすい分量。3～4人分の場合は半量でよい。

まいたけ……２パック
エリンギ……２パック
※きのこは合わせて約300g。

【ドレッシング】
にんにく……１かけ
オリーブオイル……大さじ３
すし酢……大さじ２
味つけ塩こしょう……小さじ１
（または粗塩小さじ⅔）
パン粉……大さじ４

くるみ（粗く刻む）……大さじ４
パセリのみじん切り（お好みで）……大さじ２
赤唐辛子のみじん切り、レモンの皮のすりおろし（お好みで）……各少々

1　オーブンは200度に予熱する。まいたけ、エリンギは食べやすい大きさに手でさく（大きめがよい）。にんにくは包丁の腹でつぶす。

2　ドレッシングの材料をすべてボウルに入れて混ぜ、**1**のきのこ類を加えて混ぜ合わせる。クッキングシートを敷いた天板にドレッシングごと広げ、オーブンで15～20分焼く。

memo　お好みでくるみとパセリを散らし、赤唐辛子のみじん切りやレモンの皮のすりおろしをかける。

包み方 Tips

平たい器に入れ、ラップでぴっちりとくるむ。周囲に長めの輪ゴムをかけてとめる。メッセージを書いた紙を中央に巻く（器の裏にテープでとめる）としゃれた雰囲気に。

なすのしょうが蒸し

ヘルシー女子に人気の一品。なすの代わりに、かぼちゃやごぼうで作ってもおいしい。軽い野菜料理も、とても喜ばれる一品です。

eggplant salad

✤ 材料（6人分）
※作りやすい分量。3～4人分の場合は半量でよい。

なす …… 5本
水 …… 大さじ3

【ドレッシング】

- 食べるラー油 …… 大さじ2
- すし酢 …… 大さじ4
- ごま油 …… 大さじ3
- しょうがのすりおろし …… 大さじ1
- しょうゆ …… 大さじ2
- 長ねぎのみじん切り …… 10㎝分
- 砂糖 …… 小さじ1

香菜《シャンツァイ》（お好みで）…… 少々

1　なすを蒸すのには圧力鍋で作ると早い。なすは圧力鍋に入れて水をふりかけ、圧がかかるまで強火にかける。圧がかかったら弱火にし、30秒加熱して急冷する。
※焼いてもよい。その場合はなすをグリルに並べ、中火で表4分、裏3分焼く。この場合は熱いうちに皮をむく。

2　ドレッシングの材料はすべて混ぜ合わせる。

3　蒸したなすの場合は、縦に8等分くらいにさく（焼いた場合は6等分ほど）。ドレッシングをかけて食べる。お好みで彩りとして香菜をのせても。

包み方 Tips!

持っていくときは、なすとドレッシングを別々に。それぞれふたつきの密閉容器に入れて、保冷剤とともにキッチンクロスなどで包む。ドレッシングは液もれしやすいので、あらかじめラップでくるんでおくのも得策。なすは丸のまま持っていき、食べる直前にさいて仕上げる。ここでは、なすをせいろに入れ、中華風のテイストに。

burdock root salad

✤ **材料**（6人分）
※3〜4人分の場合は半量でよい。

ごぼう …… 1本
鶏胸肉 …… 2枚
水 …… カップ1½
粗塩 …… 小さじ1

【ドレッシング】

マヨネーズ …… カップ½
ゆずこしょう …… 小さじ1
レモンのしぼり汁 …… ½個分
粗塩 …… 小さじ¼
ごま油 …… 大さじ1
すり白ごま …… カップ½

粉山椒（お好みで）…… 小さじ⅓
※実を軽くつぶしたものでもよい。

1　ごぼうは皮を金たわしなどで洗ってきれいにし、縦に切ってから2㎜厚さの斜め薄切りにする。切ったそばから水をはったボウルに入れて、あくを取る。

2　鶏肉は皮を取り除く。鍋に分量の水と塩を入れて沸かし、鶏肉を弱火で5分ほどゆでる。粗熱がとれたら3㎜厚さの薄切りにして、さらに手でさく。ゆでた湯は捨てずに取っておく。

3　**2**の湯にごぼうを入れて、3分ほどゆでる。

4　ボウルにドレッシングの材料をすべて入れて混ぜる。鶏肉とごぼうを加え、全体をあえたらでき上がり。お好みで粉山椒を散らす。

ごぼうと鶏肉のサラダ

ごぼうは食物繊維が多く腸によい、女性にとってステキな食材です。お肉も鶏の胸肉を使っているのでヘルシー。マヨネーズはカロリーオフのタイプで作っても。

包み方
Tips

ガラスやほうろうなど、ふたつきの密閉容器に入れ、保冷剤とともにキッチンクロスなどで包む。ここでは、ひもを通す穴のついた陶器を使用。全体を麻ひもで巻いてとめた。

写真左は、蛍光灯の真っ白いトーンのライティング。隅々まで明るく、影がまったくない。子どもが主役のパーティーにはいいかもしれないけれど、大人にはちょっと味けない。写真中央は、天井の白熱灯とスタンドライトで照らした例。左に比べ、黄色いトーンになり、温かみのある雰囲気に変化。写真右では、天井のライトの明るさを調光器で抑え、さらにキャンドルの灯りを追加した。光源が増えたことで複雑な影が生まれ、より落ち着いた大人っぽい雰囲気に。

special party tip 2

ライティングについて

部屋の雰囲気を変えるのは家具でも部屋の広さでもなく、照明の力

部屋の雰囲気を変えたいときには、家具や壁のデコレーションなどから気にしてしまいがちですが、一瞬にして雰囲気を変える力を持つのはライティングです。どんなにステキで高価なセンスよい家具で埋め尽くされた部屋でも、蛍光灯でピカピカ照らしていたのでは、居心地よいバーやレストランのような雰囲気は生み出すことができません。最近は LED ライトが主流となり、白熱灯色なども開発されましたが、黄色い光を放つハロゲンランプや白熱灯のような温かみを生み出すことができるかというと、やはりそれはまだ開発途上だと思います。東京タワーの温かい色み、東京スカイツリーの冷たい色みを比べると、その差がわかりやすいかもしれません。

もし LED や蛍光灯だけのお部屋なら、白熱灯のスタンドライトを一台入れるだけで、部屋のトーンが変わります。白いトーンのライティングを黄色いトーンに、また天井からの光だけでなく、複数の光源（ランプ、スポットライト、キャンドル）を追加することで、複雑な影が生まれます。さらに、調光器をうまく取り入れると、バーやレストランのようなライティングになります。日常生活では明るいライティングで暮らしていても、夜のパーティーや特別なディナーのときなどは、天井のライトを消したり調光器で弱くしたり、そしてキャンドルを灯したりします。日本の家は部屋がたくさんあるわけではないので、仕事をするとき、本を読むとき、家族でごはんを食べるとき、パーティーをするときなど、目的別にライティングを考えてみることをおすすめします。またステキなライティングを学ぶには、海外旅行などで雰囲気のいいホテルに宿泊したりしたときに、どうしてそこはそんなに心地がよいのか観察して、そして家にある素材でまずは真似をしてみるとよいかもしれません。すべては真似から始まります。

main dishes

メイン

There are easy main dish recipes.

メイン料理の簡単レシピ、あります

メインとなる料理を選ぶのは、パーティーであろうと、日常の料理であろうと、一番重要なことです。メインが決まっていれば、それに付随するメニューも選びやすいからです。もし私がホストならば「メインにはローストビーフを作ります」「チキンパエリアを作ります」などとアナウンスしてしまいます。そうすると何か持ってきてくれる友人が「メインがお肉なら前菜は魚介類にしようかな」と、アイデアをしぼることができるからです。

大人数のパーティーをするとき、私の一番のおすすめはオーブン料理です。何しろ、な～んにもしなくていい。お肉に塩をしてオーブンに入れて、あとはスイッチオンするだけでおいしいものができてしまうのです。その間にお化粧をしていてもいいし、掃除機をかけていてもよい。だけど友人の中には「レンジ機能は使ったことがあるけれど、オーブン機能は使ったことがない」という人がたくさん。それはもったいない。500gの豚肉でも牛肉でもよいので、かたまり肉に塩小さじ２（多すぎるようですが、大丈夫）、120度のオーブンで１時間。これでとてもおいしいローストポーク（ビーフ）ができるんです。ぜひ試していただきたいなぁ。こんなに楽でおいしい“お肉ロースト係”の立候補、おすすめです。

煮込み料理をするならば、ここは思い切って圧力鍋を買ってしまうのも手です。圧力鍋って怖い、という方もまだまだいらっしゃいますが、これがまた簡単なんです。牛や豚のかたまり肉500～600gと玉ねぎの薄切り１個分、水を鍋の⅔くらい入れて、圧がかかったら弱火で30分煮るだけ。お肉は柔らかくなり、そこにコンソメ１個と塩小さじ１杯入れれば、最高のゆで肉ができちゃうんですよー。あとはソースを替えれば洋風にも和風にも。私だったら、安いお肉を見つけて、“お肉煮込み係”に立候補しちゃうなぁ！

ethnic meatball stew

エスニックミートボール

クミンやコリアンダー、パプリカなどのスパイスを加えると、ちょっぴりエスニック風のスパイシーなミートボールができ上がります。フランスパンなども一緒に持っていくとおしゃれ。

材料（3〜4人分）
※作りやすい分量。人数が多い場合は調節する。

【ミートボール】

合いびき肉 …… 400g
玉ねぎのみじん切り …… ½ 個分
パセリのみじん切り …… 大さじ 3
にんにくのみじん切り …… 1 かけ分
クミンパウダー …… 大さじ ½
コリアンダーパウダー …… 大さじ ½
オリーブオイル …… 大さじ 1
粗塩 …… 小さじ ⅔
卵 …… 1 個

【ソース】

トマト …… 大 1 個
トマト水煮缶 …… 1 缶（400g）
オリーブオイル …… 大さじ 2
にんにくの薄切り …… 2 かけ分
ケチャップ …… 大さじ 3
粗塩 …… 小さじ ½
パプリカパウダー（あれば）…… 大さじ 2
チリパウダー（お好みで）…… 小さじ ½〜 1

レモンの皮のすりおろし（お好みで）…… 少々

1 ミートボールの材料をすべてボウルに入れてよく練り、一口大のだんご状に丸める。トマトは粗切りにする。

2 深めのフライパンまたは鍋にオリーブオイルをひいて中火にかけ、 1 のミートボールを入れて全体に焼き目をつける。焼き色がついたら 1 のトマトと残りのソースの材料をすべて加え（トマト水煮は手でつぶしながら）、沸騰したら弱火にする。

3 ふたをして、12分ほど煮たらでき上がり。お好みでレモンの皮のすりおろしを散らす。

包み方 Tips

キャセロールなど、ふたのついた耐熱容器に入れ、キッチンクロスなどで包む。先方でそのまま温め直しても。相性のよいミディアムボディの赤ワインと一緒に持っていくのもステキ。

homemade ham with tuna sauce

手作りハムのツナソース

**かたまりのハムを買うのはちょっと高いですが、オーブンを使えば作るのは実はとても簡単。
ツナソースをかけると、ボリュームのある豪華なメイン料理に。**

材料（6〜7人分）
※作りやすい分量。3〜4人分の場合は半量でよい。

豚ロースかたまり肉（または肩ロース肉）
…… 800g
粗塩 …… 大さじ1
にんにくのすりおろし …… 小さじ1

【ツナソース】

- ツナフレーク缶 …… 1缶（80g）
- アンチョビ（あれば）…… 1切れ
- マヨネーズ …… 大さじ4
- 牛乳 …… 大さじ2
- レモンのしぼり汁 …… ½個分
- オリーブオイル …… 大さじ3
- 粗塩 …… 小さじ½
- ケーパー …… 大さじ1
- 黒こしょう …… 小さじ½

1 オーブンは120度に予熱する。豚肉全体に塩とにんにくをすりこむ。

2 蒸気で柔らかく仕上げるため、オーブンの天板に水をはり、その上に網をのせる（肉が水につかないように）。肉をのせ、1時間20分を目安にゆっくり火を通していく。
※ガスオーブンまたはコンベックは火の通りが早いので、加熱時間を10分ほど短くして調整する。

2 肉をオーブンの中に入れたままにして、余熱で火を通し、粗熱がとれたらラップでくるんで冷蔵庫で冷やす。

4 ツナソースの材料をすべてミキサーに入れ、30秒ほど攪拌《かくはん》する。

5 肉は7㎜厚さに切る。すぐに切ると肉汁が出てしまうので、焼けた3時間後くらいに切るのが目安。器に肉を並べ、ソースをかける。

包み方
Tips

肉は密閉容器に入れ、保冷剤を添えて。ツナソースは空き瓶などの密閉容器に入れ、別々に持っていく。肉は先方で器に並べ、ソースをかける。ここでは盛りつける器とサーバーも一緒にかごに入れた。

lemon chicken breast

鶏胸肉のレモンロースト

→ レシピ P68

crab cake with rice

クラブごはんケーキ

レシピ P69

鶏胸肉のレモンロースト

アメリカでは鶏肉といえば、胸肉。脂が多いから、ともも肉はあまり食べない人が多いんです。これは友人のお母さんが作ってくれて、おいしかったなぁ、と記憶していた味。

材料（6〜8人分）
※3〜4人分の場合は半量でよい。

鶏胸肉 …… 大4枚（1枚約280g）
粗塩 …… 小さじ2
オリーブオイル …… 大さじ2
レモンのしぼり汁 …… 1個分
乾燥ローズマリー（お好みで）…… 1つまみ

【ソース】

オリーブオイル …… 大さじ3
にんにくのすりおろし …… 小さじ⅓
味つけ塩こしょう …… 小さじ1
（または粗塩小さじ⅔）
レモンのしぼり汁 …… 1個分
レモンの皮のすりおろし …… 1個分

こしょう、イタリアンパセリ、ゆずこしょう …… 各適宜

1 オーブンは200度に予熱する。鶏胸肉は皮を取ってボウルに入れ、塩、オリーブオイル、レモンのしぼり汁、ローズマリーを加えて混ぜ、10分ほどマリネする。

2 **1**をオーブンで25分（ガスオーブンやコンベックなら20分）焼く。肉を取り出し、10分ほど皿の上で休ませたら、7㎜厚さのそぎ切りにする。

3 ソースの材料をすべてボウルに入れてよく混ぜる。肉を器に盛りつけ、こしょうをたっぷりとふり、あれば彩りとしてイタリアンパセリを飾る。

memo 食べる直前にソースをかけていただく。ゆずこしょうもおすすめ。冷たくても温かくてもおいしい。

包み方 Tips

肉は器に並べた状態でラップでしっかりくるむ。ソースはジャムの空き瓶などの密閉容器に入れて別々に持っていき、食べるときにかける。

平たい皿や容器を包むときに便利。大きめのキッチンクロスなどの布の四隅、AとA′、BとB′をそれぞれ結ぶ。

中心に器を置いたら、A A′の結び目をB B′の結び目の下に通す。器のバランスをとり、A A′を持ち手として運ぶ。

クラブごはんケーキ

クラブケーキはアメリカではとても人気のある一品。ただ、かにが高くてなかなか作ることができません。というわけで、ごはんを混ぜてボリュームアップしてみました。子どもたちにも人気。

材料（4〜5人分）
※作りやすい分量。

【ケーキ中身】

- かにフレーク缶 …… 2缶（200g）
- 卵 …… 1個
- マヨネーズ …… 大さじ4
- 中濃ソース …… 小さじ1
- 粒マスタード …… 小さじ1
- 黒こしょう …… 小さじ¼
- レモンの皮のすりおろし …… 1個分
- 温かいごはん …… 200g
  ※レトルトのごはん1パックでもよい。

玉ねぎのみじん切り …… カップ⅔
バター …… 20g
クラッカー（リッツなど）を砕いたもの …… カップ1
パン粉（衣用）…… カップ1
オリーブオイル …… カップ½

【ソース】

- マヨネーズ …… 大さじ2
- 卵黄 …… 1個分
- 牛乳 …… 大さじ2
- 粗塩 …… 小さじ¼

葉物野菜、レモン …… 各適宜

1 フライパンにバターを熱し、玉ねぎを透き通るまで炒める。クラッカーはポリ袋に入れ、よくたたいて細かくする。

2 ボウルに炒めた玉ねぎとクラッカー、ケーキ中身の材料をすべて入れ、全体を手でよくもんで混ぜ合わせる。

3 食べやすい大きさに丸めたら、まわりにパン粉をつける。中温に温めたオリーブオイルでこんがり色がつくまで両面を炒め揚げにする。表3分、裏2分が目安。

4 ソースの材料はすべてをボウルに入れ、よく混ぜ合わせる。お好みでソースをかけて食べる。

包み方 Tips

熱いうちはくずれやすいので、冷めてから容器に入れる。食べる直前に電子レンジで温めてもおいしい。ここでは、アンティークのアルミ缶を利用。お菓子の缶などでも。あれば葉物野菜を敷いたところに並べ、レモンを添えて。ソースは小さい瓶に入れて持っていく。

deep fried beef slices

材料（6人分）
※3〜4人分の場合は半量でよい。

牛ステーキ肉（肩ロース肉やもも肉など）
……１枚（500g）
※さっぱりして脂身がなく、リーズナブルなアメリカンビーフなどがおすすめ。
味つけ塩こしょう……小さじ１
（または粗塩小さじ⅔）
薄力粉……カップ½
溶き卵……２個分
パン粉……カップ１
揚げ油……約カップ⅔
パルメザンチーズ、レモン……各適宜

1　牛肉は７㎜厚さに切り、さらに一口大に切る。味つけ塩こしょうを全体にふる。薄力粉、溶き卵、パン粉の順に衣をつける。

2　揚げ油を180度に熱し（パン粉少々を入れたらパッとはじけるくらいが目安）、表１分、裏１分揚げる。これ以上揚げると、火が通りすぎるので注意。

memo　このままでもおいしいが、パルメザンチーズをたっぷりとかけ、レモンを添えても。しょうゆとわさびも好相性。冷めてもおいしい。

牛ステーキ肉のフライ

ステーキを作っていくのはちょっとお金がかかるかもしれませんが、薄切りにしてカツにしてしまえば数もカサも増えます。パルメザンチーズをたっぷりふるのがおすすめ。

包み方 *Tips*

かごのランチボックスやお菓子などの箱に、ワックスペーパーやクッキングシートなどを敷き、油がしみ出ないようにしたところに並べる。上からも同様にワックスペーパーをかけてから、キッチンクロスなどで包む。ここでは、小ぶりの花束を添えてプレゼント風に。

スペアリブの
バーベキューグリル

子どもから大人まで人気で、持ちよるとすぐになくなる一品。1.6kgの肉ってどうよ、と思われるかもしれませんが、本当にあっという間にペロリ。

✦材料（6〜8人分）
※3〜4人分の場合は半量でよい。

スペアリブ……約1.6kg（大きめのもの約12本）

【ソース】

- ケチャップ……大さじ6
- 中濃ソース……大さじ2
- はちみつ……大さじ2
- 粗塩……小さじ1
- にんにくのすりおろし……小さじ2
  ※チューブの場合はなくてよい。
- ガラムマサラ、コリアンダーパウダー、チリペッパー（お好みで）……各小さじ½

1 オーブンは170度に予熱する。ボウルにソースの材料をすべて入れて混ぜたら、スペアリブを加え、全体をざっくり混ぜる。つけこまなくてＯＫ。

2 天板の網の上に、肉を固い骨の部分を下にして並べる。オーブンで50分〜１時間焼いたらでき上がり。バーベキューにもオススメの味。

包み方 Tips

耐熱容器に入れ、液もれしないよう、容器ごと全体をラップでしっかり覆ってから、キッチンクロスなどの布で包む。ここではかごつきの耐熱皿を活用した。小さなトングも一緒に持っていくと親切。冷めてもおいしいけれど、オーブンや電子レンジで温め直しても。

grilled spareribs

shepherd's style pie

シェパード風パイ

レシピ P76

classic chili beans

クラシックチリビーンズ

→ レシピ P77

シェパード風パイ

外国ならば、ラムのひき肉で作る本物のシェパードパイが気軽に作れますが、日本だとそれは難しい。というわけで牛のひき肉で作りました。やさしい味です。

材料（6人分／20×10×6㎝の角型1台分）

【ミートソース】

- 牛ひき肉（あればラム。または合いびき肉）……300g
- 玉ねぎのみじん切り……小1個分
- にんにくの薄切り……1かけ分
- オリーブオイル……大さじ2
- ナツメグ……小さじ¼
- 白ワイン（または水）……カップ1
- トマトピュレ……140g
- チリパウダー……小さじ½～1
- 粗塩……小さじ1
- 砂糖……小さじ1
- ケチャップ……大さじ1
- 中濃ソース……大さじ1

【マッシュポテト】

- じゃがいも……3個（マッシュにして約2カップ分）
- 牛乳……カップ½強
- 粗塩……小さじ½
- バター……30g

1 ミートソースを作る。鍋にオリーブオイルをひいて玉ねぎとにんにくを炒め、ひき肉を加えてさらに炒める。ひき肉に焼き色がついたら残りのミートソースの材料をすべて加え、ふたをせずに弱火で20分ほど煮る。焦げやすいのでときどきかき混ぜる（水分をとばすように）。オーブンは200度に予熱する。

2 じゃがいもは1個ずつラップにくるみ、柔らかくなるまで電子レンジで加熱する。または、圧力鍋でゆでる。熱いうちに皮をむき（さっと流水にさらしながら皮をむくとよい。多少ぬれてもOK）、ボウルに入れる。

3 **2**のじゃがいもをポテトマッシャーでつぶし、レンジで1分ほど温めた牛乳、塩、バターを加えて混ぜる。じゃがいもによって水分が違うので、牛乳は様子をみながら少しずつ足していき、なめらかなマッシュポテトにする。

4 型にミートソースを敷き、その上にマッシュポテトを重ねる。オーブンで15～20分、表面が少しきつね色になるまで焼く。

包み方 Tips

ふたがあればふたをし、なければ全体をラップでしっかりくるんで汁がたれないようにしてから、布で包む。電子レンジやオーブンで温め直してもよい。

クラシックチリビーンズ

こちらも持っていくと喜ばれる肉料理。ポイントはいろいろなスパイスを入れること。ここでは大人向けにチリペッパーをたっぷり入れていますが、辛いのが苦手な方は、チリを控えるかなしでも。

材料（3～4人分）
※作りやすい分量。人数が多い場合は調節する。

豆の缶詰（お好みのもの）…… 1缶（425g）
※ブラックビーンズ、ホワイトビーンズ、キドニービーンズ、大豆、ひよこ豆など何でもよい。
牛ひき肉 …… 200g
玉ねぎのみじん切り …… 大1個分
にんにくの薄切り …… 2かけ分
オリーブオイル …… 大さじ3
【スパイス】
チリペッパー …… 大さじ1（加減する）
クミンパウダー …… 大さじ1
ガラムマサラ …… 大さじ2
トマト水煮缶 …… 1缶（400g）
コンソメスープの素 …… 1個
砂糖 …… 小さじ1
粗塩 …… 小さじ1½
ケチャップ …… 大さじ2
パン（またはごはん、ゆでたじゃがいもなど）…… 適量
レモンの皮のすりおろし（仕上げ用）…… 適宜

1　鍋にオリーブオイルを入れて中火で熱し、玉ねぎ、にんにくを入れて2分ほど炒める。牛ひき肉を加えてさらに3分炒めたら、スパイスをすべて加えて全体を混ぜる。

2　つけ合わせ以外の残りの材料をすべて加えて（トマト水煮は手でつぶしながら）ふたをし、弱火で25～30分煮る。

memo　パンやごはん、ゆでたじゃがいもなどと食べる。お好みでレモンの皮のすりおろしをかけても香りがよい。

包み方 Tips

軽めの鍋ごと持っていくのがおすすめ。つけ合わせとしてパンやごはんを添えたい。ここでは、盛りつける木のボードと布で包んだ。ハード系のパンと一緒に。

buttered american beef stake

アメリカンビーフのバターステーキ

最近大好きなアメリカ肉。脂身がなくてさっぱりしていて、胃にぐっともたれるということもありません。
バターで焼くと風味がいい輸入ビーフは、火を通しすぎず、レアめに仕上げるのが柔らかさのポイント。

材料（5～6人分）
※3～4人分の場合は半量でよい。

牛ステーキ肉（サーロインや肩ロース）…… 1枚
（約800g。2.5cmほどの厚さのもの）
バター …… 30g
粗塩 …… 小さじ2
黒こしょう（ひいたもの）…… 小さじ1
塩（仕上げ用）…… 適宜

1 ステーキ肉は1時間前には冷蔵庫から出し、室温に戻す（冷たい状態からだとうまく焼けない）。肉質を柔らかくするために肉たたきやめん棒で力強くたたき、全体に塩、こしょうをふる。

2 フライパンを煙が出るほど強火で熱し、バターを入れる。バターが焦げてくるが気にしない。肉を入れ、強火のまま3分、裏返してさらに2分焼く。表面が焦げるくらいでちょうどよい。

3 さらに裏返して1分、もう一度裏返して1分ほど焼き、火を止める。あとは余熱でミディアムレアに仕上げる。

Recommended!

イオンやコストコなどの大型スーパーで売られているアメリカンビーフのステーキ肉なら高品質でリーズナブル。

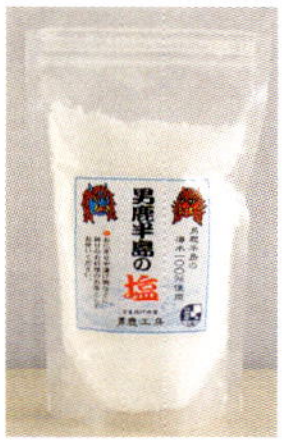

シンプルに食べたい料理には、おいしい塩があるだけで違うもの。最近のおすすめは、秋田の“男鹿半島の塩”やフランスのカマルグの塩。

Column

なすとトマトのさっと煮

材料（4～5人分）

なす …… 2本
トマト水煮缶 …… 1缶（400g）
粗塩 …… 小さじ⅔
エクストラバージンオリーブオイル …… 大さじ2
すし酢 …… 大さじ1
レモンのしぼり汁 …… ½個分
赤唐辛子のみじん切り（お好みで）…… 少々

なすは一口大に切り、トマト水煮は粗くつぶす。すべての材料を鍋に入れ、強火で熱する。沸騰してきたら弱火にし、ふたをして10～13分煮る。

包み方 Tips

肉はまるごとふたつきの密閉容器に入れる。つけ合わせのなすとトマトのさっと煮は小さいキャセロールなどに入れ、器とともに持っていく。肉は食べる直前にそぎ切りにして、盛りつける。おいしい塩を添えて食べる。

スパイシー肉だんごすき焼き

トルコで“キョフテ”という肉だんごを食べて感動。今回はトルコ風にスパイスをたっぷり入れ、さらにすき焼き仕立てにしてみました。子どもから大人までリクエストの多い一品です。

材料（5〜6人分）

【肉だんご】

- 豚ひき肉 …… 800g
- 長ねぎのみじん切り …… 1本分
- ごま油 …… 大さじ2
- 酒 …… カップ¾
- 卵 …… 2個
- 粗塩 …… 小さじ1
- しょうがのすりおろし …… 大さじ2
- 片栗粉 …… 大さじ2
- コリアンダーパウダー …… 大さじ1
- ガラムマサラ …… 大さじ1
- チリパウダー …… 大さじ½〜1
  ※子どもが多いときはなくてもよい。
- 青じそのみじん切り …… 10枚分

長ねぎ …… 2本
春菊 …… 1わ
焼き豆腐 …… 2丁

【割り下】

- 酒 …… カップ1½
- しょうゆ …… カップ1½
- 砂糖 …… カップ1½
- 昆布 …… 1枚

卵（お好みで）…… 5〜6個
うどん、黒七味唐辛子 …… 各適宜

1 肉だんごを作る。材料をすべてボウルに入れ、手で100回ほどよくこねる。よくこねることがとても大切。長ねぎは1㎝幅の斜め切りに、春菊は8㎝長さ、焼き豆腐は8等分に切る。

2 割り下を作る。鍋に材料をすべて入れ、一度沸騰したらすぐに火を止める。冷めたら保存瓶に入れる（ペットボトルでもOK）。

3 鍋に割り下を適量入れ、倍量の水（分量外）を加えて温める。まずは肉だんごのタネを大きめのスプーンですくって落とし入れ、長ねぎを加える。煮えたところから、各自、器に取り、お好みで溶き卵にくぐらせて食べる。次に焼き豆腐、春菊を加えて楽しむ。

memo 黒七味唐辛子などをふって食べるのもおすすめ。お好みで最後にうどんを入れてもおいしい。

包み方 Tips!

肉だんごのタネは密閉容器に入れ、長ねぎと春菊は切ってポリ袋に。豆腐と卵はパッケージのまま、割り下は空き瓶に入れる、すべて大きめのかごやトレイに入れたら、布で包んで持っていく。傷みやすい材料なので、必ず大きめの保冷剤をのせて。

spicy meatball sukiyaki

1

2

3

4

special party tip 3

お花について

いつか消えてなくなる花は いつまでも続く思い出を 作ってくれる名脇役

一輪でもいい。お客さまを迎える部屋にお花を用意するのは、ホストのおもてなしの一つです。その美しさに気がつかない方がほとんどであっても、「かわいいお花ですね」と言ってくださる方もいる。チューリップ一輪を見て、春を感じてくださる方もいる。花を通じて誰かと交流できるのは、とても楽しいことです。

花を飾るのに、ルールはありません。私が提案するとしたら、違う色の花を飾るならば一つの花瓶に生けるのは３種類までにするということです。花を生けるのが上手な人ならばさまざまな種類を組み合わせてアレンジすることができますが、私のように花をあまり習ったこともない人が下手にアレンジすると、あまりセンスよいアレンジにはなりません。それよりは、私は花瓶として存在が美しいものを選び、季節の花を一輪、堂々と生けるほうが好きです。

花瓶はよく骨董市などで探します。お寺の参道や路地で週末にやっているような市でも、すばらしい花瓶が見つかります。ちなみに写真3の赤い花瓶は1000円です。また、花はよくセットで割安に売っていますが、７本で500円の花を買うより、１本300円の花のほうが生けたときに引き立つものがたくさんあります。割高だな、と思っても、ぜひよい花を一輪見つけてください。

花の本を眺めるのも、とても勉強になります。私が好きなのは川瀬敏郎さんや、白州正子さんの花の本です。選んでいる花瓶がまたすばらしいので、目の保養になります。よき本でたくさんの花瓶を見ていると、目の奥に形の美しさや色が、なんとなく残ります。ステキな花瓶や花に出会うために、ぜひみなさまも花の写真を見てみてくださいね。こちらで紹介しているのは食卓の花ですが、ぜひトイレに一輪、玄関にも一輪を。

1 ひとりひとりの席にセッティングされた花は特別感があってうれしいもの。プレートにナプキンをのせ、花を一輪。短く切っても安定するシンビジューム（写真）や、バラ、トルコキキョウなどで。

2 ガラスのボウルと皿を使ったコンポート風のデコレーション。ダリア（写真）やあじさい、アマリリスなど大ぶりで丸い花を2〜3輪、水を浅くはったボウルの底に置く。プレートをのせ、パンやチーズ、フルーツなどをのせて。

3 印象的な花瓶に1種類の花だけを密集するように生けるアレンジは、取り入れやすいおすすめアイデア。

4 玄関やリビングのカウンターにもオススメ。花瓶の中央にキャンドルを入れ、周囲をグリーンで囲む。枝が太くしっかりしたもので隙間を埋めるように生ける。

5 普段はあまり使わないエディブルフラワーもパーティーなら使ってみたい素材。ケーキの表面に散らし、粉砂糖をかけるだけで、ちょっとおめかしした一品に。

pasta & rice

パスタ・ごはん

Girls do like pasta&rice.

女子にはパスタとごはんが必要です

ちまたでは炭水化物制限ダイエットというものがはやっておりますが、私にとってパスタやごはんは、ケーキに近い存在というか（笑）、一口でもないと、終わらない存在です。とはいえ、パーティーのときに席を立って料理をするのは面倒なので、今回はそういうメニューは一切ございません。全部作りおいておき、常温で食べるか、電子レンジなどで温めて食べるか、というものです。多少の味の劣化は気にしない気にしない。「作ってくれたんだね、ありがとう」という気持ちを互いに持つことが大事です。お互い、“作るときは自分に厳しく、食べるときは相手にやさしく”。これ、すごく大事です。

最近「常温でおいしいというのがすばらしい!」という発見をした食材があります。大麦とクスクスです。大麦はトルコで発見し、パスタの一種のクスクスはヴェニスで発見しました。なんともおいしい!　しかも信じられないほど調理が簡単。売り場にあってもついついスルーしていたのが、今では生活必需品でございます。子どもも大好きです。

今回は紹介していませんが、炊き込みごはんも誰にでも喜ばれる一品なので、作っていくと喜ばれます。具は、春ならば竹の子、グリーンピース、夏ならば鮎、しょうがとみょうが、秋ならばしめじや松茸、冬ならばごぼうとひき肉など、バリエーションは無限に考えられます。私はどんな具でも、米２合に対し、だし汁または水２合分、酒大さじ２、しょうゆ小さじ１、塩小さじ１を合わせて鍋に入れ、具は２カップ分を目安にして作ってしまいます。具から水分が出るので水は少なめに、が基本です。配合は同じでも、でき上がるごはんは具材によって味が変わるので、楽しいですよ。ぜひ、お試しを。

shrimp & chicken barley pilaf

えびとチキンの大麦ごはん

大麦はこれまであまり買わなかった食材。でも使ってみたら、風味があって、とてもおいしい。しかも食物繊維がたっぷりで腸の働きを高めてくれます。冷めてもおいしいので持ちよりパーティー向き。

材料（6人分）
※作りやすい分量。人数が多い場合は調節する。

むきえび …… 200g
鶏もも肉 …… 1枚（250g）
大麦（米粒麦または丸麦）…… カップ2
玉ねぎ …… 小1個
にんにく …… 1かけ
粗塩 …… 小さじ1
水 …… カップ4
オリーブオイル …… 大さじ6
コンソメスープの素 …… 1個

【スパイス】
※スパイスはすべて揃わなくてもよい。
- コリアンダーパウダー …… 小さじ½
- ガラムマサラ …… 小さじ½
- ターメリックパウダーまたはカレーパウダー（お好みで）…… 小さじ½
- 赤唐辛子のみじん切り …… 小さじ½

プチトマト（お好みで）…… 5個
パセリのみじん切り（お好みで）…… 少々
レモン、赤唐辛子 …… 各適宜

1 鍋に大麦と分量の水を入れて強火にかける。沸騰したら弱火にし、7分ほどゆでて柔らかくする（パスタでいうアルデンテの状態）。ざるに上げ、水けをきる。

2 玉ねぎはみじん切り、にんにくは薄切りにする。鶏肉は一口大に切って、塩小さじ⅔をまぶす。えびは残りの塩小さじ⅓をふる。

3 厚手の深い鍋にオリーブオイルを熱し、鶏肉を入れて片面を4分ほど焼く。裏返してさらに4分焼いたら、玉ねぎ、にんにく、えびを加えて炒める。

4 **3**にスパイスの材料をすべて加えて香りをつけ、**1**を加えて全体を混ぜ合わせる。彩りとして、あれば4等分に切ったプチトマトとパセリを加えて仕上げる。

memo お好みで、くし形に切ったレモンや赤唐辛子のみじん切りを添えて食べる。クスクスで作ってもおいしい。

包み方 Tips

鍋または耐熱の密閉容器に入れて持っていく。そのまま食べてもおいしいけれど、オーブンや電子レンジで温め直しても（オーブンは200度で15分、電子レンジは8分が目安）。鍋に入れて持っていくときは、布を両方の取っ手に渡し、（8の字のように）して結ぶと、ふたがしっかり固定される。くし形に切ったレモンは、小さな瓶に入れて。

ラムのカレー

不思議なことに、子どもが大好きなカレー。ラムの代わりに鶏肉やミートボール（P63）で作ってもおいしい。一見、本格的に見えるのですが、作り方はびっくりするほど簡単です。

材料（6人分）
※3～4人分の場合は半量でよい。

ラム肩ロース肉（またはもも肉）…… 500g
トマト …… 大3個（小なら4個）
玉ねぎ …… 1個
サラダ油 …… 大さじ3
【スパイス】
　にんにくのすりおろし …… 大さじ1
　しょうがのすりおろし …… 大さじ1
　コリアンダーパウダー …… 大さじ1
　チリパウダー …… 大さじ1
　ガラムマサラ …… 大さじ1
　クミンパウダー …… 大さじ1
粗塩 …… 小さじ1
コンソメスープの素 …… 1個
ナンプラー …… 小さじ1
バター …… 20g
温かいごはん …… 適量

1 玉ねぎは薄切り、トマトはざく切りにする。フライパンにサラダ油を熱して、玉ねぎを入れ3分ほど炒めたら、スパイスの材料をすべて加えてさらに3分炒める。

2 **1**の粗熱が取れたらミキサーに入れ、20秒ほど攪拌《かくはん》する。

3 **2**を鍋に移し、ラムを6㎜ほどの厚さの薄切りにし、瓶の底などで少したたいて柔らかくしたものを加える。塩、コンソメスープの素、ナンプラーも加え、弱火で10分ほど煮つめる。

4 とろみがついてきたら、最後にバターを加えて一混ぜし、コクを出す。

memo ここでは、ごはんにターメリックパウダー少々（分量外）をふって仕上げた。

包み方 *Tips!*

レトルトのごはん（6人分なら3～4パック）とともに持っていくと喜ばれるはず。食べるときに、ごはんとカレーを温める。ここでは、スープ用の器にカレーを入れたけれど、作った鍋ごと持っていっても。

lamb curry

tomato & cheese pasta with lemon

トマトとチーズのレモンパスタ

レシピP92

onion & bacon lasagna

玉ねぎとベーコンのラザニア

➔ レシピ P93

トマトとチーズのレモンパスタ

ロングパスタは持ちよりパーティー向きではないですが、ショートパスタはとってもおすすめ。
これで本当に大丈夫？　と思うくらい短い時間だけゆでるのが大切なポイント。

材料（5～6人分）
※3～4人分の場合は半量でよい。

ショートパスタ（ペンネやジリなど）…… 250g
【ソース】
- トマト水煮缶 …… 1缶（400g）
- にんにく …… 2かけ
- 玉ねぎ …… 小½個
- 赤唐辛子 …… 1本
- オリーブオイル …… 大さじ3
- 粗塩 …… 小さじ½
- 砂糖 …… 小さじ1
- レモンの皮 …… ½個分
- パルメザンチーズ …… カップ½
- 生クリーム …… カップ½

オリーブオイル（パスタにからめる）…… 大さじ2
イタリアンパセリのみじん切り（お好みで）
…… 適宜
レモンの皮のせん切り（お好みで）…… 適宜
パルメザンチーズ（仕上げ用）…… 適宜

1 レモンの皮はよく洗い、黄色い部分だけをせん切りにする。にんにくは薄切り、玉ねぎ、赤唐辛子はみじん切りにする。

2 フライパンにオリーブオイル、にんにく、玉ねぎ、赤唐辛子を入れて弱火にかけ、7分ほど炒める。トマト水煮を手でつぶしながら加え、ふたをせずに弱火で10分ほど煮る。火を止め、残りのソースの材料をすべて加える（あとから温めるので、ソースはあえて未完成の状態にしておく）。

3 水2ℓに対し粗塩大さじ2（分量外）を入れた湯でパスタをゆでる（ここでパスタにしっかり味をつけておく）。パスタは指定の時間より4分短めにゆでてざるに上げる（持っていくまでにのびるのと、あとから電子レンジで温めるため）。パスタはオリーブオイルをからめてから（オイルの膜でのびにくくなる）、ソースとあえる。お好みでイタリアンパセリとレモンの皮を散らし、パルメザンチーズをふる。

memo　作りたてを食べるときは、パスタのゆで時間は指定通りにして、オリーブオイルをからめずに仕上げる。

包み方 Tips

先方で温め直せるよう、耐熱容器に入れて持っていく。その場でパルメザンチーズをかけられるよう、お好みでチーズおろしとチーズを持っていってもおしゃれ。ここでは、器にラップをかけ、ペーパーナプキンとメッセージカードをのせた上からラフィアのひもで結んだ。

玉ねぎとベーコンのラザニア

ミートソースで作るのもおいしいけれど、トマト缶とベーコンで手軽に作るソースでも十分。パーティーメンバーの誰もオーブンを使わないというときは、先方で焼きたてを提供するのもステキ。

材料（20×20×5㎝の耐熱容器1個分）

ラザニア（バリラなど、ゆでずに使うタイプ）
…… 200g

【トマトソース】

- トマト水煮缶 …… 1缶（400g）
- 玉ねぎ …… ½個
- ベーコン …… 2枚
- にんにく …… 1かけ
- オリーブオイル …… 大さじ3
- 白ワイン …… カップ½
- 赤唐辛子（お好みで）…… 1本
  ※子ども用にはなくてもよい。
- 粗塩 …… 小さじ¾

【ホワイトソース】

- バター …… 大さじ3
- 薄力粉 …… 大さじ3
- 牛乳 …… 350ml
- 粗塩 …… 小さじ⅔

グリュイエールチーズのすりおろし
（または溶けるタイプのチーズ）…… カップ1½
パルメザンチーズ …… 大さじ3
オリーブオイル …… 大さじ1

1 トマトソースを作る。玉ねぎとにんにく、ベーコンはみじん切りにする。鍋にオリーブオイルを熱し、これらを入れて弱火で4～5分炒める。残りのソースの材料をすべて加え（トマト水煮はつぶしながら）、弱火で7～8分煮つめる。

2 ホワイトソースを作る。鍋にバターを入れて中火で熱し、薄力粉を加える。焦げないように注意しながら泡立て器でよく混ぜたら、牛乳を少しずつ加える。よく混ぜながら火を通し、とろみがついたら、塩で味つけをして火を止める。

3 耐熱容器の底にトマトソース約大さじ3を広げ、その上にホワイトソース大さじ3を広げ、さらにラザニア、グリュイエールチーズ大さじ3を重ねる。この作業を繰り返し、表面がホワイトソースになるように仕上げる。その上にグリュイエールチーズ、パルメザンチーズの順で重ね、最後にオリーブオイルを回しかける。

memo1 トマトソースに合いびき肉200gを加え、ミートソースにしてもよい。その場合、塩は小さじ1にする。

memo2 先方でオーブンを使わせてもらう場合は、プロセス**3**の状態で持っていき、180度のオーブンで30分ほど焼く。電子レンジで温めさせてもらう場合は、あらかじめ200度のオーブンで20分ほど焼いた状態で持っていき、電子レンジで8～10分加熱する。

memo3 モッツァレラチーズ1個を薄く切ったものを間にはさんでもおいしい。

包み方 Tips

ラザニアを入れた耐熱容器は、ふたがあればふたをして、なければラップでぴっちりとくるむ。キッチンクロスなどで包んで持っていく。

corn & almond bread

shrimp & avocado tacos

コーンとアーモンドのブレッド

いろいろな料理に合うコーンブレッド。さくさくした口当たりで、チリビーンズ（P75）や豆とアボカドのサラダ（P54）などにとても合います。バターを使わず、オリーブオイルでしっとりさせました。

材料（18×18×6㎝の角型1台分）
※作りやすい分量。人数が多い場合は調節する。

コーンミール（とうもろこしの粉末）……カップ1
アーモンドパウダー……カップ1
卵……3個
牛乳……カップ1
グラニュー糖……カップ⅓
粗塩……小さじ½
ベーキングパウダー……大さじ1
オリーブオイル……大さじ4

1 オーブンは170度に予熱する。型はバター少々（分量外）を塗り、クッキングシートを型に合わせて切って貼りつけておく。

2 卵とグラニュー糖をボウルに入れて、泡立て器でよく混ぜ合わせる。オリーブオイルを加えてさらによく混ぜたら、残りの材料をすべて入れて混ぜる。
※粉類以外の材料をフードプロセッサーに入れて30秒ほど混ぜ、粉類を加えて5秒ほど攪拌《かくはん》してもよい（この方法が一番簡単）。

3 型に流し入れ、オーブンで30分焼いたら完成。

memo 軽く温めて、バターをつけて食べるのもおすすめ。

包み方 *Tips*

ワックスペーパーやクッキングシートでくるみ、お菓子などの缶や箱に入れて持っていく。ここでは、カットしてからワックスペーパーでくるんでかごに入れ、ユーカリの葉を彩りに添えた。しゃれたペーパーナプキンとともに。

えびとアボカドのタコス

最近はいろいろなスーパーでタコスの皮を売っています。常備しておくと、買い物をする暇もなかったぁ！ というときに便利。アボカドだってコンビニで売っている時代です。

材料（4人分）
※作りやすい分量。人数が多い場合は調節する。

タコスの皮（ハードタイプ）……8枚
むきえび……150g
粗塩……大さじ1
【アボカドソース】
アボカド……1個
玉ねぎのみじん切り（水にさらす）……大さじ4
コリアンダーパウダー（お好みで）……小さじ¼
レモンのしぼり汁……¼個分
粗塩……小さじ⅔
スイートチリソース……適量

1 えびは流水で洗う。鍋で水2カップを沸かし、塩を入れてえびを2分ほどゆでる。ざるに上げ、流水で洗って水けをきる。

2 アボカドは皮と種を取る。ボウルにアボカドソースの材料をすべて入れ、アボカドをつぶすようにして全体をフォークで混ぜる。**1**のえびを加えてあえる。

3 タコスの皮に**2**をはさみ、スイートチリソースをかけて食べる。

包み方 *Tips*

アボカドソースとスイートチリソースはジャムの空き瓶などの密閉容器に入れ、タコスの皮とは分けて持っていく。盛りつける器にのせ、全体を布で包んで。食べる直前に皮にはさみ、スイートチリソースをかけて食べると、パリパリ感が楽しい。

pasta with cuttlefish & caper

いかとケーパーのショートパスタ

レシピP98

arroz con pollo

アロスコンポジョ

➔ レシピP99

いかとケーパーのショートパスタ

ペンネも時間がたってもおいしいパスタ。持ちよりのときはゆで時間を短くするのがポイント。ソースはいかのトマト煮。たこで作ってもおいしいし、具は何も入れずにトマトソースだけでも子どもに喜ばれる一品。

材料（4人分）
※作りやすい分量。人数が多い場合は調節する。

ショートパスタ（ペンネやフジッリなど）
…… 200g

【いかソース】

いか …… 1杯
にんにくの薄切り …… 1かけ分
トマト水煮缶 …… 1缶（400g）
オリーブオイル …… 大さじ1
粗塩 …… 小さじ⅔
砂糖 …… 小さじ1
ケーパーベリー …… 8～10個
※ケーパー大さじ2でもよい。
レモンのしぼり汁 …… ½個分
赤唐辛子のみじん切り（お好みで）
…… 1本分

オリーブオイル（パスタにからめる）
…… 大さじ2
パルメザンチーズ …… 大さじ3

1 いかは胴体と足に分け、内臓を取り除く。胴体は軟骨を抜き、縦半分に切ってから1㎝幅に切る。足は1本ずつに切り分けてから、5㎝長さに切る。

2 鍋にいかソースのオリーブオイルを入れて熱し、にんにくをさっと炒める。**1**のいかと残りのソースの材料をすべて加えて強火にかけ（トマト水煮は手でつぶしながら加える）、沸騰したらごく弱火にして30分ほど、いかが柔らかくなるまで煮る。煮つまってきたら途中で水を加えて、焦げつくのを防ぐ。
※圧力鍋の場合は、ソースの材料をすべて入れて火にかけ、圧がかかるまで強火にする。圧がかかったら弱火にして5分加熱して火を止める。鍋に水をかけて急冷するか、そのまま冷やしてから圧を抜いてでき上がり。この場合、水を加える必要はない。

3 水2ℓに対し粗塩大さじ2（分量外）を入れた湯でパスタをゆでる。あとから電子レンジで温めるので、指定の時間より4分くらい短めにゆでてざるに上げる。パスタは湯をきり、オリーブオイルをからめてから（オイルの膜でのびにくくなる）、いかソースとあえる。

memo パルメザンチーズをかけて食べる。作りたてを食べる場合は、指定通りにパスタをゆで、オリーブオイルをからめずにソースとあえて仕上げる。

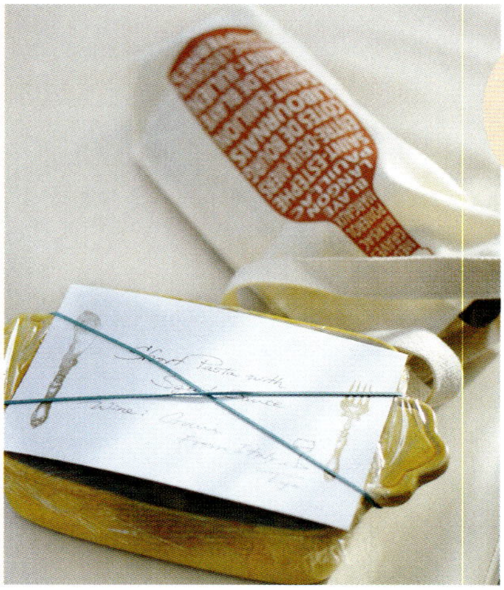

包み方 *Tips*!

先方で温め直せるよう、耐熱容器に入れて持っていく。汁がもれないよう、ラップでぴっちりとくるむのが大事。ここでは、メッセージカードをのせ、輪ゴムで固定した。相性のよい白ワインを添えてもステキ。食べる直前に電子レンジで5～6分加熱する。

アロスコンポジョ

キューバ人の友人に教えてもらったパエリア風の一品。冷めてもおいしいのが特徴。本当はシェリー酒を入れるのですが、なかなかおうちにシェリー酒はないのでビールで代用しました。

材料（4～5人分）
※作りやすい分量。

鶏骨つきもも肉のぶつ切り …… 800g
（または骨なしのもも肉約２枚）
パプリカ（赤）…… １個
にんにく …… ２かけ
米 …… カップ２
粗塩 …… 小さじ１½
オリーブオイル …… 大さじ４
ビール（またはドライのシェリー酒）…… 180mℓ
水 …… カップ１
チキンスープの素 …… １個
イタリアンパセリのみじん切り（お好みで）
…… 大さじ３

1　鶏肉は塩をまぶす。パプリカはみじん切り、にんにくは薄切りにする。

2　鍋を中火で熱し、オリーブオイルを入れて鶏肉を焼く。表４分、裏３分が目安。にんにく、パプリカを加えてさっと炒めたら、米を洗わずに加えて炒める。すべての材料の表面にオリーブオイルをからめるイメージで。

3　ビールとチキンスープの素、分量の水を加えて強火にし、沸騰したらふたをして弱火で13分炊く。お好みでパセリのみじん切りをたっぷりとかけて食べる。

memo　米はまだ芯が少し残っている状態に炊き上げると、持っていって食べるころにちょうどよい固さになる。プロセス**3**から炊飯器に移して炊いてもよい。

包み方 Tips!

鍋ごとまたは耐熱容器に入れ、布で包んで持っていく。そのまま食べてもよいが、鍋ごと弱火にかけて、または耐熱容器に移しかえ、電子レンジで温めてもおいしい。

ル・クルーゼやストウブなどのほうろう鍋の持ち手についている穴を利用した包み方。布の中央に鍋を置く。布の端ＡをＡ′の穴に、Ａの逆側の布端ＢをＢ′の穴にそれぞれ下から通す。

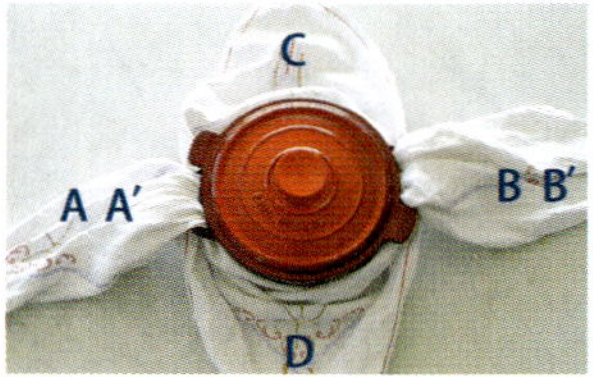

ＣとＤを鍋に交互にかぶせる。その上からＡＡ′とＢＢ′を中央でしっかりと結ぶ。

アジア風お魚カレー

ココナツミルクを入れて、タイやマレーシアで食べるようなカレーを作ってみました。ごはんは、電子レンジでチンするレトルトのごはんで十分！

材料（6～8人分）
※3～4人分の場合は半量でよい。

白身魚（たらなど、何でもOK）…… 400g
※えびや帆立て貝でもおいしい。

トマト …… 1個

玉ねぎ …… 1個

マッシュルーム …… 1パック

サラダ油 …… 大さじ3

【スパイス】

にんにくのすりおろし …… 大さじ1

しょうがのすりおろし …… 大さじ1

ガラムマサラ …… 大さじ1

カレー粉 …… 大さじ1

コリアンダーパウダー …… 大さじ1

粗びき黒こしょう …… 大さじ1

ココナツミルク缶 …… 1缶（400ml）

ナンプラー …… 大さじ1

粗塩 …… 小さじ½

中華スープの素（顆粒タイプ）…… 小さじ1

温かいごはん …… 適宜

1　玉ねぎは薄切り、トマトはざく切りにする。白身魚は一口大に切り、塩（分量外）を多めにふり、流水でさっと洗って臭みを取り除く。マッシュルームは半分に切る。

2　フライパンにサラダ油を熱し、玉ねぎを入れて弱火で約5分炒める。スパイスの材料をすべて加え、香りを引き出すように3分ほど炒める。

3　ミキサーに粗熱がとれた**2**とトマト、ココナツミルクの半量（カップ1）を入れ、15秒ほど攪拌《かくはん》する。

4　**3**を鍋に移し、残りのココナツミルク、白身魚、マッシュルーム、ナンプラー、塩、中華スープの素を加えて強火にかける。沸騰したら弱火にして、5分煮たらでき上がり。ごはんにかけて食べる。

包み方 Tips!

カレーは鍋ごと、または耐熱の密閉容器に入れ、ごはんとともに持っていく。ごはんはレトルトのもので十分（6人分なら3～4パック）。ここではごはんをかごに入れてアジアンテイストに。

asian style fish curry

おいしいチーズとおいしいワイン、楽しい仲間がいたら、それはパーティーの始まり

チーズの盛りつけは、白カビや青カビ、ウォッシュなど柔らかいタイプはかたまりのまま置いて、ナイフで好きな量を切っていただく。ハードやセミハードなど固めのタイプは、つまみやすい大きさに切って並べる。写真は、白カビタイプ（ブリー、パヴェ・ダフィノア、プチカマンベール）、青カビタイプ（スティルトン、ダナブルー）、セミハードタイプ（エダム）、ハードタイプ（コンテ、ミモレット）。グラスに入っているのはシェーブルタイプのチーズ（シャブルー）にはちみつをかけたもの。ドライフルーツやナッツを添えても。持っていくときは、必ず保冷剤を添えましょう。

special party tip 4

チーズについて

お料理があまり得意ではないなぁ、とお悩みの方、「チーズ担当になりたい!」とすぐに立候補されることをおすすめします。実はおいしいチーズとお酒があれば、パーティーは、永遠に続くというもの。最高の脇役になること、間違いなしです。

チーズを選ぶに当たって一番大事なことは「おいしいチーズを置いているお店を知る」ということです。デパートでも、スーパーでも、路面店でも、いいお店を見つけるためには、例えば同じタイプのカマンベールチーズを食べ比べてみて、「あ、ここはおいしい」と記憶しておくことが大切です。そしてさらに大切なことは、そのチーズ屋さんに話しかけてみることです。お友だちになれば、さらにおいしいチーズに近づくことができます。みんなで費用を割って、おいしいチーズを食べよう、ということになったならば、「全体の予算は 2000 円で、３種類のチーズを買いたい」とズバリ伝えてみましょう。チーズ屋さんはプロ、こちらは素人。ならば素人がいろいろなチーズを触りまくって探すのではなく、希望を正直に伝えたほうが、リーズナブルでよいチーズに出会うことができます。また「賞味期限ぎりぎりか多少過ぎていてもよいので、今日食べておいしいチーズはありますか?」と聞いてみるのも手です。私は何度も「賞味期限切れ」で至福の味わいのチーズを発見しました。

ちなみに私が３種類選ぶときは、白カビタイプ、青カビタイプ、ハードタイプの３種類を組み合わせます。白カビタイプならばカマンベールやブリーが人気ですが、私が昔から好きなのはパヴェ・ダフィノアと呼ばれる正方形のクリーミーなタイプのチーズ。横半分に切ってはちみつと黒こしょうをかけ、おいしいパンにつけて食べれば、もう、あとは赤ワインだけでしあわせ気分です。最近は日本のカマンベールもおすすめです。青カビタイプにはイタリアのゴルゴンゾーラ、イギリスのスティルトン、フランスのロックフォールなどがありますが、個人的にはスティルトンがあっさりしていて好きです。ハードタイプならばコンテやミモレットもおいしい。またパルミジャーノやペコリーノ・ロマーノもおすすめです。チーズ好きが揃っているならば、ユニークなものを選んでみては?　ブッファーラという水牛のモッツァレラも最高です。室温に戻して、おいしいオリーブオイルをかけ、おいしいお塩をパラパラふったなら、もはやメイン料理なしでもオッケーな感じです。モンドールという秋冬限定のチーズも最近では手に入りやすくなりました。赤ワインに合わせたいなら、マンステール、エポワスなどのウォッシュタイプもよく合います。

テーズが主役の持ちよりパーティーはいかがでしょう?

dessert

デザート

Let's make a sweet dessert.

甘いデザートを作ろう

デザートには砂糖が必要です。ついついダイエットを気にして砂糖を控えたデザートを作ってしまったりしますが、あまり満足できずに量を食べてしまい、総カロリーが結局同じになってしまったり……というわけで、私は砂糖を極端に控えません。あえて甘くするわけではなく、ぎりぎり満足できる基準の甘さを提案するレシピです。例えば、今回は紹介していませんが、お汁粉を作るとします。300gの小豆を６～７カップの水で煮る場合、２カップの砂糖は最低限必要です。これより少ないと、私にとってはデザートではなく豆料理になってしまいます。ケーキにしても同じです。１台のケーキを焼くならば１カップの砂糖を基準とします。あとは使う素材によって味を変えていきますが、基準の甘さはあまり変わりません。我慢してローファットやローカロリー、砂糖控えめのものばかり選んでいると、どこかで反動がきてしまいます。なので、日常はそうであったとしても、持ちよりパーティーをするときくらいは、「今日は、OK」というチャンスの日にしちゃいましょう!

さて、持ちよりパーティーに便利なのは焼き菓子ですが、卵白を泡立て、卵黄をすり混ぜ、というプロセスは、意外とハードルが高いということに気がつきました。こういうときにぜひ活用していただきたいのがフードプロセッサーです。ベースとなる配合は、１台分のケーキで、バター100g（½箱）＋塩小さじ⅛＋グラニュー糖１カップ＋卵２個＋薄力粉１カップ＋ベーキングパウダー小さじ２です。まずは薄力粉以外の材料をフードプロセッサーにすべて入れて攪拌《かくはん》する。薄力粉を加えたらあとはさっくり混ぜて生地のでき上がり。型に流して170～180度のオーブンで35～45分焼けば、おいしいバターケーキのでき上がりです。今回紹介している「バターケーキのオレンジ風味」（P109）もこの配合をもとに作っています。デザートは、難しくなんかありません。ぜひぜひデザート係にも立候補してみましょう。

lemon bitter cake

レモンビターケーキ

→ レシピ P108

orange butter cake

バターケーキのオレンジ風味

レシピP109

レモンビターケーキ

ワイン好きの人が集まると、とても喜ばれるバターを使わないケーキ。チーズとの組み合わせでいただきます。レモンの皮を入れているので苦みがほんのりありますが、これがチーズとピッタリ！

包み方 Tips

ケーキは型ごとアルミホイルで包む。盛りつける器の上にケーキとお好みのチーズを入れた密閉容器（空き瓶などを利用）をのせ、大きめの布で全体を包む。食べるときに型から外し、薄く切り、チーズを添える。

材料（18×8×6㎝の角型1台分）

【ケーキ生地】

- 卵 …… 3個
- グラニュー糖 …… カップ1（180g）
- 薄力粉 …… カップ¾（80g）
- アーモンドパウダー …… カップ½（60g）
- ベーキングパウダー …… 小さじ2
- オリーブオイル …… 大さじ4
- レモン …… 1個
- 粗塩 …… 小さじ⅛

チーズ（コンテ、ミモレット、ブルーなど）
…… 適宜

はちみつ、黒こしょう …… 各適宜

1 オーブンは170度に予熱する。型はバター少々（分量外）を塗り、クッキングシートを型に合わせて切って貼りつけておく。

2 レモンは、15分ほどゆでる（ワックスが取れて少し柔らかくなる）。流水で洗って冷やしたら、皮ごとざく切りにして、種を取り除く。

3 薄力粉とアーモンドパウダー、ベーキングパウダー以外のケーキ生地の材料をすべてフードプロセッサーに入れて30秒ほど攪拌《かくはん》する。粉類を加えてさらに5秒ほど混ぜ、型に流し入れる。

4 オーブンで40〜50分焼く。途中で焦げそうになったら、上にアルミホイルをしっかりかぶせる。やけどをしないように注意。粗熱がとれたら冷蔵庫で冷やして食べる。

memo 薄く切って、あればチーズをのせるとおいしい。コンテ、ミモレット、ブルーなど、どんなチーズにも合う。お好みではちみつや黒こしょうをかけてもおいしい。

バターケーキのオレンジ風味

フードプロセッサーを使えば準備は10分、というケーキ。子どもにも人気。電子レンジで溶かしたチョコレートを上からかけても。

材料（直径20㎝のケーキ型１台分）

【バターケーキ】

- バター …… 100g
- グラニュー糖 …… カップ１（180g）
- 卵 …… ２個
- 薄力粉 …… カップ１（110g）
- ベーキングパウダー …… 小さじ２
- 粗塩 …… 小さじ⅛
- バニラエッセンス …… 小さじ⅓

【オレンジシロップ】

- オレンジのしぼり汁 …… １個分（約カップ½）
- オレンジの皮のすりおろし …… 大さじ１
  ※よく洗ってからすりおろす。
- コアントロー（またはグランマニエ。なければ水）…… 大さじ２
- グラニュー糖 …… 大さじ３

1　オーブンは170度に予熱する。型はバター少々（分量外）を塗り、クッキングシートを型に合わせて切って貼りつけておく。

2　バターケーキの材料をすべてフードプロセッサーに入れて30秒ほど攪拌《かくはん》する。
※材料をすべてボウルに入れ、泡立て器で混ぜ合わせてもよい。その場合は、バターを冷蔵庫から出して柔らかくしておき、泡立て器ですり混ぜるという感じで。

3　**2**を型に流し入れ、オーブンで35～45分焼く。途中で焦げそうになったら、上にアルミホイルをしっかりかぶせる。やけどをしないように注意。

4　オレンジシロップを作る。耐熱容器に材料をすべて入れて混ぜ、電子レンジで１分半ほど加熱する。

5　焼き上がったケーキは型から外し、熱々のシロップをかける。粗熱がとれたら、冷蔵庫で冷やして食べる。

memo　シロップが多すぎるように見えても、しっとりさせるために全部かけて。

包み方 *Tips*

ケーキはワックスペーパーやクッキングシートなどで包み、ラフィアのひもで結ぶ。食べるときは放射状に切り分けてもよいが、上の写真のように角形に切っても食べやすくておすすめ。

ガラスケーキ

ケーキの生地を泡立てることもなく、焼くこともなく、みんなが喜ぶデザートを作ることができるこちらのレシピ。はっきり言って、混ぜるだけです。でもおいしいんです。

✤ 材料（直径15㎝、深さ８㎝のガラスボウルなど１個分）

市販のスポンジケーキ（２㎝角に切る）
　…… ½ 台分
マスカルポーネチーズ …… 250g
生クリーム …… カップ１
グラニュー糖 …… カップ ½（90g）
牛乳 …… カップ ¼

【カスタードソース】

┌卵黄 …… ３個分
│グラニュー糖 …… 大さじ５
│コーンスターチ …… 大さじ１½
└牛乳 …… カップ１½

季節のフルーツ（ラズベリー、ブルーベリー、
　いちご、キウイ、桃、バナナ、洋梨など）
　…… カップ２

1 生クリームとマスカルポーネチーズはボウルに入れ、グラニュー糖を加えて七分立てに泡立てる。牛乳を加え混ぜ、ゆるいクリームにする。

2 カスタードソースを作る。鍋に卵黄、グラニュー糖、コーンスターチを入れ、泡立て器ですり混ぜたら、牛乳を加えて中火にかける。混ぜながら火を通し、とろみがついたらＯＫ。

3 ケーキを仕上げる。器の底にスポンジを敷き、カスタードソース、フルーツ、**1** のクリームの順にラザニアを作るように重ねる。もう一度残りのスポンジ、カスタードソース、フルーツ、**1** のクリーム、と繰り返す。最後にフルーツを飾ってでき上がり。

memo フルーツがたっぷりなので、おなかいっぱいでも食べられます。いろいろなフルーツでお試しを。お好みで粉砂糖（分量外）をかけても。

包み方
Tips

フルーツとクリームの色みがきれいなので、クリアな容器で作るのがポイント。キャセロールで作れば、ふたをしてそのまま持っていける。紅茶を添えると、ちょっとしたプレゼントにもなって喜ばれるはず。

cake in the glass

さつまいもプリン

さつまいもやかぼちゃでヘルシーなプリンはいかがでしょう。以前、友人が作ってきてくれたもので、そのほっこりしたやさしい味が忘れられません。

包み方 Tips

固めの仕上がりになっているけれど、汁がもれないよう、容器や型をラップでぴっちりくるむ。その上に保冷剤をのせ、布で包んで持っていく。

材料（直径20㎝の耐熱容器1個分、または大きめのスフレ型1台分）

【カラメル】

- グラニュー糖 …… カップ ½（90g）
- 水 …… 大さじ2

【プリン】

- さつまいも …… 1本
- 卵 …… 3個
- 牛乳 …… カップ 1 ½
- グラニュー糖 …… カップ ⅔（120g）
- バニラエッセンス …… 小さじ ⅓
- シナモンパウダー …… 3ふり

1 さつまいもはキッチンペーパーでくるみ、流水をかけてたっぷりの水でぬらす。そのままラップでくるんで、電子レンジで加熱する（じゃがいもより乾燥しやすいので、キッチンペーパーが必要）。加熱時間は、中くらいのサイズで1本につき5～6分が目安。皮をむいて粗く切り、1カップほどになるように用意する。
※蒸し器や圧力鍋などで蒸してもよい。

2 カラメルを作る。小鍋にグラニュー糖を入れて中火にかける。混ぜずに放っておくと、やがて溶け始める。茶色いカラメル状になったら火を止め、分量の水を加えて木べらで混ぜる。耐熱容器に流し入れ、固める。

3 **1** のさつまいもと残りのプリンの材料をすべてミキサーに入れる。20秒ほど攪拌《かくはん》したら、**2** に流し入れる。
※ミキサーを使わない場合は、ボウルに卵を割り入れ、グラニュー糖を加えて泡立て器ですり混ぜる。**1** のさつまいもと牛乳、バニラエッセンス、シナモンパウダーを加え、さつまいもをつぶしながらよく混ぜて、**2** に流し入れる。
※このままで十分おいしいが、こし器や網でこすと、さらになめらかな仕上がりに。

4 オーブンの天板に割り箸をのせ（絶対に大事なポイント。火が通りすぎてざらざらになるのを防ぐ）、その上に型を置き、さらに湯を天板いっぱいに入れる。

5 150度のオーブンで50～60分焼く。粗熱がとれたら冷蔵庫でよく冷やす。

sweet potato pudding

oatmeal raisin cookies

banana pudding cake

オートミール レーズンクッキー

紹介したことのあるレシピなんですが、やっぱりこれも持ちよりパーティーでとても喜ばれる定番のお菓子なので。子どもがいたら、あっという間になくなってしまいます。

✤ 材料（直径7㎝の円形クッキー、20枚分くらい）

バター …… 200g
三温糖（または上白糖）
…… カップ1⅓（250g）
※押しつぶしてはかる。
卵 …… 2個
レーズン …… カップ1
水 …… カップ1
薄力粉 …… カップ1（110g）
オートミール …… カップ2
バニラエッセンス …… 小さじ½
粗塩 …… 小さじ½
シナモンパウダー …… 小さじ½

1 鍋にレーズンを分量の水とともに入れて火にかける。水けがなくなるまで煮つめ、冷ます。

2 バターは電子レンジで20秒ほど加熱して柔らかくする。オーブンは170度に予熱する。

3 ボウルにバターと卵を入れ、泡立て器で白っぽくなるまですり混ぜたら、三温糖、水けをきった **1** のレーズンを加え、よく混ぜる。

4 **3** に残りの材料をすべて加え、ゴムべらで全体をさっくりと混ぜる。

5 天板にクッキングシートを敷き、その上に **4** の生地を大さじ1½くらいずつ、間隔をあけて置く。焼いている間に広がって丸くなるので、形はあまり気にしなくてよい。

6 オーブンで13〜17分焼いたらでき上がり。

包み方 Tips

粗熱がとれてから、かわいいデザインの缶や箱に入れて持っていく。懐紙として使えるようなペーパーナプキンを添えて。お菓子などが入っていた缶や箱は持ちよりに便利なので、取っておきましょう。

バナナプディング・ケーキ

プディングってあまり作らないデザートかもしれませんが、こちらは子どもにも大人にも人気のケーキ。しっとりとした食感とバナナのやさしい甘さがお茶やコーヒーにもピッタリ。

✤ 材料（21×8×6㎝のパウンド型1台分）

バナナ …… 約2本
（つぶして2カップ分）
バター …… 100g
グラニュー糖 …… カップ1（180g）
卵 …… 1個
薄力粉 …… カップ1（110g）
レモンのしぼり汁 …… カップ½
レモンの皮 …… ½個分
シナモンパウダー …… 小さじ½
バニラエッセンス …… 小さじ½
ベーキングパウダー …… 小さじ1

1 オーブンは180度に予熱する。型はバター少々（分量外）を塗り、クッキングシートを型に合わせて切って貼りつけておく。

2 薄力粉以外の材料をすべてフードプロセッサーに入れ、攪拌《かくはん》する。30秒ほどかけて全体がとろとろになったら薄力粉を加え、さらに5秒ほど混ぜる。
※材料をすべてボウルに入れ、泡立て器で混ぜ合わせてもよい。その場合は、バターを冷蔵庫から出して柔らかくしておき、泡立て器ですり混ぜるという感じで。

3 **2** の生地を型に流し入れ、オーブンで55〜65分焼く。途中で焦げそうになったら、上にアルミホイルをしっかりとかぶせる（やけどをしないように注意）。粗熱がとれたら、冷蔵庫で冷やして食べる。

memo プディング風のしっとりした仕上がりなので、冷やしたほうがおいしい。

包み方 Tips

ケーキはワックスペーパーやラップでくるみ、あればバナナの葉などでくるむ。麻ひもで結んで、懐紙代わりになるペーパーナプキンとともに持っていく。食べるときに薄く切り、お好みで粉砂糖（分量外）をかける。

lemon cheese tarte

レモンチーズタルト

持ちよりパーティーに持っていくと、必ずレシピを聞かれます。レシピを聞かれるって、とてもうれしいこと。バンバン渡してしまいましょう！　みんなハッピー。また次の定番を見つける楽しみが増えます。

材料（20×20×2㎝の角型1台分）

【タルト生地】
- バター …… 100g
- グラニュー糖 …… 大さじ7（85g）
- 卵黄 …… 1個分
- 薄力粉 …… 2カップ（180g）
- 冷水 …… 大さじ2〜3

【メレンゲ】
- 卵白 …… 2個分
- グラニュー糖 …… 大さじ4（50g）

【チーズ生地】
- クリームチーズ …… 200g
- アーモンドパウダー …… カップ½（60g）
- グラニュー糖 …… 大さじ4（50g）
- 卵黄 …… 2個分
- レモンの皮のすりおろし …… ½個分

1　オーブンは170度に予熱する。大きいボウルに卵白を入れ、冷蔵庫で冷やしておく。クリームチーズは冷蔵庫から出し、室温に戻す。

2　タルト生地の材料をすべてフードプロセッサーに入れ、30秒ほど撹拌《かくはん》する。取り出してさっと手でひとつにまとめたら、大きく広げたラップ2枚ではさみ、めん棒でのばす。型の上に広げ、指で密着させて敷きつめる。

3　メレンゲを作る。**1**の卵白をハンドミキサーで泡立てる。グラニュー糖を加えたら10分泡立て、再び冷蔵庫に入れて冷やしておく。

4　チーズ生地を作る。クリームチーズを大きめのボウルに入れ、ハンドミキサー（**3**のメレンゲがついたままでよい）の一番遅いスピードでなめらかになるまで混ぜる。残りのチーズ生地の材料をすべて加えてよく混ぜたら、**3**を加えて、泡立て器でよく混ぜ合わせる。

5　**2**の型に**4**の生地を流し入れる。オーブンで40〜50分、生地の表面がきつね色になるまで焼く。粗熱がとれたら冷蔵庫でしっかり冷やす。

包み方 Tips

柔らかめの仕上がりなので、型から外さずに持っていく。型全体をワックスペーパーやクッキングシートでくるみ、盛りつける器ごと布で包む。お好みで食べるときに粉砂糖（分量外）をかけてもきれい。

fruit jelly tarte

フルーツゼリータルト

他のデザートより一手間多いだけで、見た目にも美しいタルトのでき上がり。仕上げはテーブルの上ですると、みんなで楽しめるはず。

材料（直径24㎝のタルト型1台分）

【タルト生地】

- バター …… 100g
- グラニュー糖 …… 大さじ7 （85g）
- 卵黄 …… 1個分
- 薄力粉 …… カップ2 （180g）
- 冷水 …… 大さじ2～3

【アーモンド生地】

- バター …… 70g
- グラニュー糖 …… 大さじ7 （85g）
- 卵 …… 1個
- アーモンドパウダー …… カップ1 （120ｇ）
- 薄力粉 …… 大さじ3 （25g）
- バニラエッセンス …… 小さじ¼

【ゼリー】

- 板ゼラチン …… 4.5g
- 白ワイン …… 大さじ3
- グラニュー糖 …… 大さじ3 （40g）
- 冷水 …… カップ½

季節のフルーツ（洋梨、いちご、キウイ、桃など） …… 適量

1 オーブンは180度に予熱する。タルト生地の材料をすべてフードプロセッサーに入れ、30秒ほど混ぜる。取り出してさっと手でひとまとめにしたら、大きく広げたラップ2枚ではさみ、めん棒でのばす。型の上に広げ、指で密着させて敷きつめる。

2 アーモンド生地の材料をすべてフードプロセッサーに入れ、30秒ほど攪拌《かくはん》する。**1**に流し入れ、ゴムべらで平らにしたら、オーブンで40～50分焼く。粗熱がとれたら型から外して冷やす。

3 ゼリーを作る。板ゼラチンを水（分量外）に入れてふやかす。白ワインを耐熱容器に入れて電子レンジで30秒加熱し、板ゼラチンを入れて溶かす。グラニュー糖、分量の冷水を加えて混ぜ、グラスなどに流し入れて冷蔵庫で20分ほど冷やし固める。

4 洋梨の皮をむいて薄切りにする。食べる直前に**2**の上に並べ、**3**のゼリーをフォークでくずして全体にのせる。お好みでざくろやディル（分量外）を飾ってでき上がり。

memo 洋梨やざくろでなくても、季節のフルーツなら何でもよい。カスタードソース（右記）を添えてもおいしい。

包み方 Tips

持っていくときは、プロセス**3**まで作り、デコレーションは先方でする。タルトはワックスペーパーなどでくるみ、洋梨とゼリーは別添えで持っていく（好みでカスタードソースも）。食べる直前まで冷蔵庫でよく冷やす。フルーツをカットし、くずしたゼリーとともに飾る。ゼリーは溶けやすいので、保冷剤を必ず添えて。

【カスタードソース】

- 牛乳 …… カップ1¼
- 卵黄 …… 2個分
- グラニュー糖 …… 大さじ3
- コーンスターチ …… 大さじ1
- バニラエッセンス …… 小さじ⅙

小鍋に牛乳以外の材料をすべて入れ、泡立て器でよく混ぜる。なめらかになったら牛乳を加えて中火にかける。混ぜながら火を通し、とろみがついたらでき上がり。

レモンハニーシロップ

材料（15杯分）　※作りやすい分量。

レモン …… 2個
はちみつ …… カップ1
グラニュー糖 …… カップ1
シナモンパウダー …… 小さじ1

1　レモン1個はしぼる。もう1個はよく洗ってから薄切りにする。

2　鍋に**1**のレモンのしぼり汁、はちみつ、グラニュー糖、シナモンパウダーを入れ、よく混ぜながら中火にかける。グラニュー糖が溶けたら火を止め、レモンの薄切りを加える。

3　冷めたら、密閉できる保存瓶に入れる（冷蔵庫で約2週間保存可能）。保存瓶は煮沸消毒しておくとよい。

memo　お酒が苦手な人は炭酸水や水で割って飲む。お酒を飲める人はウォッカ、ジン、ウィスキーなどで割っても。分量はお好みで加減する。

しょうがシロップ

材料（10杯分）　※作りやすい分量。

しょうがのすりおろし …… カップ½
グラニュー糖 …… カップ1½
水 …… カップ1½

1　鍋に材料をすべて入れて弱火で10分ほど煮る。

2　**1**をざるでこし、しょうがを除く。冷めたら、密閉できる保存瓶に入れる（冷蔵庫で約2週間保存可能）。保存瓶は煮沸消毒しておくとよい。

memo　お酒が苦手な人は炭酸水や水で割って飲む。お酒を飲めるなら、ウォッカ、ジン、ウィスキーなどで割っても。分量はお好みで加減する。ホットにして飲んでもおいしい。

special party tip 5

飲み物について

お酒を飲める人も飲めない人も同じくらい楽しめるパーティーが実は一番、心地よい

どんな飲み物を用意すればよいか、集まるほうはわかりにくいので、ホストがはっきり伝えることが重要です。「こちらで用意するからあとで割り勘にしよう」と伝えるのもいいし、誰が何を持ってくるか、ひとりずつ指示してもよいかもしれません。ただ、ワイン１本であっても持っていくのは重いものなので、一番親切なのはホストが用意をしておいて、みんなで割り勘をするという方法だと思います。もしお酒を飲まなくて何を用意すればいいかわからない場合は、お酒のことが詳しい人におすすめのものを聞くのがいいかもしれません。

私がお酒を用意するときは、必ず家まで運んでくれるお店にお願いします。ワインならばネットでオーダーして、炭酸水やビールならばカクヤスのように頼めばすぐ持ってきてくれるところ。近くのスーパーでもネットのお店でもよいので、「ここに頼めば明日持ってきてくれる」というところをいくつか知っておくと便利です。また、イオンやサミットなどの大手のスーパーでワインを買って届けてもらうのも実はおすすめです。これらのお店もよいお酒を探すのに力を入れているので、リーズナブルでおいしいワインを探し出すには最高のスポットなのです。

私はパーティーのごはんによって飲むものを選びます。和食や鍋ならば日本酒や焼酎を用意するし、エスニックのメニューならばいろいろな国のビールを、そして何にでも合うハイボールなどはいつも用意しています。子どもたちにはお茶と水と、そしてときには“子どもビール”や“子どもシャンパン”を（笑）。飲めない人にも、みんなと同じワイングラスやビールグラスでお茶やシロップ水（120ページ参照）を出したりします。なんとなく、“一緒”って、うれしいからです。

最後に、ホストとしてとても大事なことは、「飲ませすぎないこと」でもあります。だってせっかくステキなパーティーでも、次の日、二日酔いにさせちゃったら、ちょっとかわいそう。というわけで、誰かが飲みすぎているかなぁ、と感じたら炭酸水などを出してあげるのが思いやりかと思います！

ワインの選び方 行正り香スタイル

ワインは何を選んだらいいのかわからない、と友人によく言われます。確かに、世界中で作っていて、それぞれの国での特徴もあれば、ぶどうの品種によっても全然違うから、選択肢が多すぎて迷ってしまいます。ワイン初心者の方には、品種の違いを詳しく書いていて、1000円前後のワインをたくさんご紹介している『ワインパーティーをしよう。』（講談社）をぜひ、読んでいただきたい！　なにしろ、1000円前後のワイン、本当に飲み倒して探しましたです。よきセレクションをご紹介できていると思います。はい！

品種を覚えると、好きなワインがずっと身近になります。例えば以下のような品種があります。ただし、同じ品種でも作られる国によって味わいも違うので、あとはトライしてみるしかありません。勇気をもって（笑）、代表的なものをまとめてみましたので、ご参考まで。

白ワイン　White Wine

シャルドネ …… 果実みがあり、豊かな香りが漂う。コクのある味わい
ソーヴィニヨン・ブラン …… ほどよい酸味とフレッシュ感。さっぱり、キレのよい後味
リースリング …… 爽やかな酸味の中にほのかな甘みを感じる。甘口から辛口まである

赤ワイン　Red Wine

カベルネ・ソーヴィニヨン …… タンニンを感じる重めの味わい。渋みと甘みのバランス
メルロー …… カベルネよりは軽く、多少のタンニンと甘みを感じる親しみやすい赤
ピノ・ノワール …… ほどよい酸味と華やかさを感じる。色はやや明るめで透明感がある
シラー …… 果実みの凝縮感あふれるスパイシーな味わい。濃厚で深い紫赤色
サンジョヴェーゼ …… 酸味と果実みを併せ持つ赤。軽いものから重いものまである
テンプラニーニョ …… バランスのよいまろやかな口当たり。タンニンが柔らかでやや重め
ジンファンデル …… 色は濃いめだが果実みがあふれた親しみやすい赤。主にアメリカ産

難しいように思えますが、もしいろいろな品種を並べて飲み比べできるチャンスがあれば、その差がよくわかります。日本酒は同じ米からいろいろなタイプが作られているのと違って、ワインは原料のぶどう品種自体が違うので、差がはっきりしているのです。集中して香りをかいだり味わってみると、自分の好みがはっきりします。

リーズナブルなワインを楽しむのもステキですが、たまにはみんなで割り勘などして、クオリティーワインを楽しむ時間も作ってみたいものですね。人生なんてあっという間。ワインを飲む時間を楽しまなくては！

special party tip 6

ワインについて

アメリカの赤　（左から）

- セゲシオ ソノマ ジンファンデル2010
- ロバート・モンダヴィ プライベート・セレクション ジンファンデル2011
- シミ ソノマ・カウンティ ピノ・ノワール2010
- ジラソーレ ピノ・ノワール2010

イタリアの赤　（左から）

- テッレ・デル・バローロ　バローロ　コルダナ・リゼルヴァ2004
- ファットリアラ・レッチャイア　ロッソ・ディ・モンタルチーノ2011
- エバ ファットリア・ディ・マリアーノ2010
- ヴィノジア タウラージ サンタンドレア2007
- リヴェルナーノ キャンティ・クラシコ2008

赤ワインの場合

最初に好きになった赤ワインは、カリフォルニアのカベルネ・ソーヴィニヨンでした。今でも覚えているけれど、Frog's Leapというブランドでした。まだ22歳になったばかりのころでしたが、それまで「おいしい」と感じなかったワインを、「なんておいしいんだろう。土の香りに満ちあふれているのだろう」と驚いたことを覚えています。そのあと好きになったのはオレゴンのピノ・ノワールやフランスのメルローを使ったもの、そしてイタリアのサンジョヴェーゼです。最近はバローロやバルバレスコ、ロッソ・ディ・モンタルチーノも好きかなぁ。新世界のワインにもおいしいものがたくさんありますが、料理に合わせて選ぶならば、アメリカとイタリアはとてもおすすめです。アメリカはですね、“裏切りがない”ところがすばらしい。渋いとか、酸っぱいとか、そういう裏切りを感じたことがあまりないような気がします。新世界ワインは、1000円前後で十分おいしいものがありますが、アメリカとイタリアの1800～2500円の価格帯はまた別世界。ちょっぴり背のびして、ぜひ足を踏み入れてみてください。

1 **アメリカの白**　（左から）
- ブースカ　ロシアン・リヴァー・ヴァレー
シャルドネ2011
- シミ　ソノマ・カウンティ　シャルドネ2011
- ラビット・リッジ　ル・ラパン・インジェニュイティ

2 **イタリアの白**　（左から）
- カザーレ・デル・ジリオ　サトリコ　ビアンコ2012
- サルタレッリ　ヴェルディッキオ・ディ・カステッリ・
ディ・イエージ・クラッシコ2012
- フラテッリ　ジャコーザ　ガヴィ2012
- ストッコ　ピノ・グリージョ 2012
- ウマニ・ロンキ　カサル・ディ・セッラ　ヴェルディッキオ・
ディ・カステッリ・イエージ・クラッシコ・スペリオーレ2012

3 **アルザス（フランス）の白**　（左から）
- リーフェル　ピノ・ブラン2011
- エミール・ベイエ　リースリング　トラディション2012
- ヘリング　ローゼンエーゲルト2012

白ワインの場合

白ワインは飲んでいるうちに好みが変わってきました。私は最初、オーク樽の香りがするカリフォルニアやチリのシャルドネが好きだったのですが、時とともにイタリア北部のトレンティーノ州、アルト・アディジェ州やヴェネト州、ニュージーランドのソーヴィニヨン・ブラン、フランス東部、アルザスのゲヴェルツトラミネールやリースリングなどが好きになりました。特に去年、ドイツのフランケン地方を旅してからは、太めのボトルに入ったシルヴァーナやリースリングといったぶどう品種の辛口ワイン（カビネット）に心を奪われています。もうですね、ドイツに行ったら、白ワインだけ飲んでいてもしあわせなくらい、エレガントで、爽やかで、かつ華やかさがあるのです。お金をかけられるならば、フランスのモンラッシェなども最高です。気軽に飲める価格のワインではありませんが、特別な週末やワイン好きの人が集まるパーティーのときにいいですね。

その他のお酒について

パーティーといえば、まずは“泡”。大事ですね。シャンパンやスパークリングワイン。もちろん有名なシャンパンもおいしいけれど、スペインのカヴァ、フランスのヴァン・ムスー、イタリアのプロセッコや微発泡のランブルスコなどにも、ステキな泡ものはたくさんあります。私は辛口のブリュット（Brut）というタイプが好きですが、甘めが好きな方はドゥミ・セックやセミ・セッコ（Demi sec／Semi Secco）などにもトライしてみてください。

最近は日本酒も大好きです。いろいろ飲んでみましたが、個人的には、冷やして売られている「生酒」や純米酒が好きです。

焼酎から選ぶなら、女性には麦焼酎がさっぱりしていていいかもしれません。芋焼酎ならばお湯で割ると美味です。

ハイボールはどんな料理にも合うのでおすすめです。なぜか悪酔いもしない（笑）。自分たちで作るのもいいけれど、缶のハイボールもぜひ試してみてください。

カクテルパーティーもとても夢があってステキです（『カクテルはいかが？』〈講談社〉という本で主なカクテルの作り方を紹介しています）。女子会には、ちょっと夢があるカクテルはいかがでしょう。私が最近よく飲むのはジンリッキー。いろいろな食事にとても合います。

Marriage of Wine & Dish

ワインと料理のマリアージュ

	黄金の白	爽やかさの白	優美なる白	千差万別の白	魔法の泡
品種の名前	シャルドネ	ソーヴィニヨン・ブラン	リースリング	イタリア品種	スパークリング
一言でどんなワイン	果実みある 豊かな香り コクのある辛口	ほどよい酸味 さっぱり キレのいい辛口	さわやかな酸味 わずかな甘みからフルーティーな甘みまで	地域によって特徴の異なる白を生産	華やかな雰囲気と味 白、ロゼ、微発泡など 種類もいろいろ
味の特徴	フランス・シャブリなどのステンレス樽発酵だとキリッとした酸味ある辛口に、オーク樽発酵の場合は甘み、果実み、バターっぽいコクあり	ライト感覚で飲める さわやかな味 和食などとも合わせやすい	華やかな香りとほのかな甘みのあるタイプ（辛口のトロッケン、中辛のハルプトロッケン）は食事に合わせやすい。 甘いタイプはデザートに	北部ならフランスやドイツ風のワインを作り中北部、中部は酸味と甘みのバランスがよいもの、南部は果実みがあるワインを作る	辛口ブリュットならさわやか、中辛のセミ・セッコならほどよい甘み、甘口のセッコなどはデザートワインとしておすすめ
香りの特徴	りんご、ときに南国のフルーツ、はちみつなど	青い草、ハーブ、 グレープフルーツ	白い花の香り、 フルーツの香り	地域によって、品種によってさまざま	種類によってさまざま
色の特徴	薄い黄色から 黄金色まで	青みがかった 薄い黄色	淡い黄緑色	全体的に薄め 北部には黄金色あり	淡い黄色〜ピンクまで
合う料理 魚	シャブリ系など辛口は牡蠣、あっさりした魚に。 オーク樽発酵系はサーモン、甲殻類などコクあり素材も	あっさりした魚介類、牡蠣、鯛、ひらめ、イカ すずきなど。トマトやレモンなど酸味と合わせて	辛口ならあっさりした魚介類、中辛口ならサーモン、すし、甲殻類、アジアの魚料理	シャルドネ、ピノ・グリージョなどはコクある魚介に。 他はトマト、にんにく玉ねぎなどと合わせて	白の辛口、中辛はお刺身のカルパッチョ、魚介と野菜を組み合わせた前菜全般
合う料理 肉	オーク樽発酵系などコクあるものは豚、鶏、鴨のグリルや生クリームを使った料理	鶏肉、豚肉などの 塩、こしょう、にんにく、レモン風味のグリル	やや甘めのものなら 豚のロースト、中華料理 香辛料にも合う	シャルドネ、ピノ・グリージョならシャルドネ参照。 その他はソーヴィニヨン参照	ロゼの辛口などは牛肉、ハムなど肉を使ったものも合う
他に合うもの	シャブリ系は和食に	和食、ハーブを使った料理	和食、アジア料理	パスタ、ピザ、生ハム、和食	甘口はデザートに
この本の料理例	ごぼうと鶏肉のサラダ（P57）、鶏胸肉のレモンロースト（P66）	魚介のマリネ（P25）、 まぐろのレモンマリネ(P34)	スモークサーモンのムース（P20）、ミックスきのこのグリル（P53）	シチリア風なすのグラタン（P36）、いかとケーパーのショートパスタ（P96）	枝豆のムース（P25）、 玉ねぎとハムのキッシュ（P28）
代表生産地 F=フランス 新世界=アメリカ（主にカリフォルニア）/ オーストラリア/ ニュージーランド/ チリ/ アルゼンチン/ 南アフリカなど	**F ブルゴーニュ地方の** **1. シャブリ地区** **2. コート・ド・ボーヌ地区** （ムルソー / アロース・コルトン / モンラッシェ村） **3. マコネー地区** （プイィ・フュイッセ村） **イタリア** （アルト・アディジェなど北部） **アメリカ、チリ、** **オーストラリア、** **ニュージーランドなど新世界**	**F ボルドー地方の** **1. グラーヴ地区** **F ロワール地方の** **1. サンセール地区** **2. プイィ・フュメ地区** **イタリア** （フリウリなど北部） **チリ、アメリカ、** **オーストラリア、** **ニュージーランドなど新世界**	**ドイツのモーゼル川・** **ライン川周辺** **F　アルザス地方** **ニュージーランド、** **オーストラリア、** **チリなど新世界**	**トレンティーノ、** **アルト・アディジェ州** （シャルドネ / ソーヴィニヨン・ブラン） **フリウリ州** （ピノ・グリージョ） **ヴェネト州**（ソアーヴェ） **マルケ州** （ヴェルディッキオ） **ウンブリア州** （オルヴィエート） **ラツィオ州**（フラスカーティ） **アブルッツォ州** （トレッビアーノ）	**フランス** （ヴァン・ムスー） **スペイン**（カヴァ） **イタリア**（スプマンテ） ・モスカート種のアスティは甘口 ・微発泡のモスカート・ダスティは甘口（辛口を求めるならプロセッコやシャルドネ種アスティから） **オーストラリア、** **アメリカなど新世界**

各品種の特徴、合う料理、代表生産地を表にしました。料理とワインの合わせ方に決まりはありません。自分がおいしいと思えばそれでよいのです。いろいろな料理と合わせて、自分なりのマリアージュの法則を見つけてみてください。

威厳の赤	優しさの赤	香りの赤	エキゾチックな赤	フレンドリーな赤	エネルギッシュな赤
カベルネ・ ソーヴィニヨン	メルロー	ピノ・ノワール	シラー / シラーズ	ジンファンデル	イタリア品種
渋みと深み タンニンあり 重め	親しみやすい タンニンあり やや重い	ほどよい酸味と華やかさ タンニン柔らかめ やや重〜軽めもあり	果実み・スパイシー タンニンあり やや重〜重め	適度な甘み タンニン柔らか やや重	地域にはよって特徴異なる 値段は北は高め、 南はお手頃から
舌に残るようなタンニンの渋みと甘みとのバランスが深みのある味わいを作り出す	カベルネと似ているがプラムのような甘みがあり、まろやかな味わい。 タンニンもカベルネよりは少なめ	ほどよい酸味と、時間の経過とともに果実み、軽いタンニンを感じる飲みやすいものから力強い味わいのものまでさまざま	豊かな果実み、スパイシーさを感じる濃厚な味わい。一緒にブレンドされる品種によって味、香りは変化する	口当たりまろやか、 適度な甘みと重みのバランスがよい。 カリフォルニア特有のぶどう品種	北部は重みがあり 酸味を伴う味、中部はさわやかな酸味とタンニンのバランス、 南部は豊かな果実みをかもし出す傾向あり
レーズン、ラズベリー、鉛筆などの香りも	カベルネに似ているが柔らかな香り	いちご、バラ、土、 きのこなど	スパイス、ベリー類	ドライフルーツ、 ほのかなスパイス	地域によって、品種によってさまざま
濃い紫色 熟成したものはエンジ色	ニンジ色 熟成たものはレンガ色	透明感のある 鮮やかな紅色	黒みを帯びた 深い赤紫	黒みを帯びた深い 紅色	南は色が濃いが中部から 北は薄めの傾向
タンニンが多いので 魚は合わせにくい	タンニンを感じるので魚は合わせにくい	少々冷やしてサーモン、 まぐろなどのグリル	タンニンが豊富なものは 魚と合わせにくい	一番合うのは脂身の少ない赤身のステーキ	軽いヴァルポリチェッラなどは冷やすと合う
脂身の多い肉全般、 牛サーロイン、ラムチョップ、鴨の炭火焼き、レバー料理、赤ワイン煮込み、霜降り肉のすき焼き	脂身少なめのさっぱり肉全般、牛もも肉のステーキ、ローストビーフ、ラム肩ロース、牛もも肉のすき焼き、ローストチキン	ローストビーフ、鴨、合鴨、ローストチキン、ラムならあっさりした肩ロースのグリルなど、香辛料を使いすぎないもの	肉は何でも合う 豆や野菜との煮込み、 ソーセージやスペアリブ、 スパイシーな煮込みや ステーキまで	カリフォルニアのカベルネほど重くなく、ピノほど酸味がなく果実みにあふれ、肉料理全般に合わせやすい	重さを感じるピエモンテ産などはしっかり味つけした肉料理、中部のトスカーナや南部はどんな肉料理にも合わせやすい
きのこ、ナッツ類	きのこ、ナッツ類	冷やして和食に、 きのこ類	冷やしてバーベキューに	ロースト肉料理全般	生クリーム、チーズ系のパスタ
牛ステーキ肉のフライ(P70)、 スペアリブのグリル (P72)	エスニックミートボール(P62)、シェパード風パイ(P74)	チキンとじゃがいものサラダ (P48)、手作りハムのツナソース (P64)	クラシックチリビーンズ (P75)、ラムのカレー (P88)	アメリカンビーフのステーキ (P78)、スパイシー肉だんごのすき焼き (P80)	トマトとチーズのパスタ(P90)、玉ねぎとベーコンのラザニア (P91)
F ボルドー地方の **1. メドック地区** (サン・ジュリアン / ポイヤック / サンテステフ / マルゴー村) **2. グラーヴ地区** **イタリア** (トスカーナ州) **アメリカ、オーストラリア、** **チリ、アルゼンチン、** **南アフリカなど新世界**	**F ボルドー地方の** **1. サンテミリオン地区** **2. ポムロール地区** **イタリア** (トスカーナ州のボルゲリ地区など) **アメリカ** (カリフォルニア)、 **チリ、オーストラリア、** **ニュージーランドなど新世界**	**F ブルゴーニュ地方の** **コート・ド・ニュイ地区** (ジュブレ・シャンベルタン / シャンボール・ミュジニー / ヴォーヌ・ロマネ / モレ・サン・ドニ / ニュイ・サン・ジョルジュ村) **アメリカ** (オレゴン・サンタバーバラも含む)、 **チリ、オーストラリア** **ニュージーランドなど新世界**	**F ローヌ地方の** **1. エルミタージュ地区** **2. コート・ロティ地区** **3. シャトーヌフ・デュ・パプ地区** **F　プロヴァンス地方** **F　ラングドック・ルーション地方** **オーストラリア、チリ、** **アメリカなど新世界**	**主にアメリカ** (カリフォルニア)	**ピエモンテ州** (ネッビオーロ / バルベーラ / ドルチェット) **ヴェネト州** (ヴァルポリチェッラ / バルドリーノ) **トスカーナ州** (サンジョヴェーゼ / ブルネッロ / メルローなど) **アブルッツォ州** (モンテプルチアーノ) **シチリア州** (ネロ・ダヴォラ) **エミリア・ロマーニャ州**

ending おわりに

パーティーというと、日本人はついつい料理を作ることに徹してしまいます。
みんなの分の材料を買い、キッチンにこもって料理をし、会話をすることもなく最後は疲れ果ててしまうことも多いはずです。
持ちよりパーティーをするというのは、こういうことを一切しないでよい、ということです。
おうちを片づけ、飲み物、そしてメインを一皿でも作ればあとはみんなが作ってきてくれる。
集まることの目的は「楽しむこと」だからです。
誰か好きな人と集まって、時間を気にすることなく、お金を気にすることもなくだらだらとごはんが食べられるというのは、しあわせなこと。
どんな思い出より、結局は何を食べた、誰と食べた、なんてささいな思い出が積み重なって、人生になっていたりします。
ぜひみなさまも、ステキなホストに、そしてゲストになって
一期一会の時間を楽しんでくださいね!

行正り香

行正 り香

Rika Yukimasa

1966年福岡県生まれ。高校3年からカリフォルニアに留学。ホストファミリーのための食事作りを経験し、料理に興味を持つ。帰国後はCMプロデューサーとして活躍。海外出張が多く、さまざまな国で出会ったおいしいものを簡単にアレンジした料理が評判となる。長女かりん、次女さくら、インコのひびきちゃん、夫との5人暮らし。2007年に退職後、料理の仕事のほか、現在はウェブサイト「なるほど!エージェント」の企画・制作にも携わる。著書に『ワインパーティーをしよう。』『行正り香のインテリア』(ともに講談社)など多数。
公式サイト FOOD DAYS fooddays.jp
なるほど!エージェント www.naruhodoagent.com

撮影　青砥茂樹(本社写真部)
スタイリング　澤入美佳
ブックデザイン　奥村啓子

講談社のお料理BOOK

持《も》ちよりパーティーをしよう

2014年4月24日　第1刷発行

著者　行正《ゆきまさ》り香《か》

発行者　鈴木 哲
発行所　株式会社 講談社
〒112-8001 東京都文京区音羽2-12-21
編集部　03-5395-3529
販売部　03-5395-3625
業務部　03-5395-3615

印刷所　大日本印刷株式会社
製本所　大口製本印刷株式会社

ISBN978-4-06-299605-1

Let's Plan a Potluck Party!

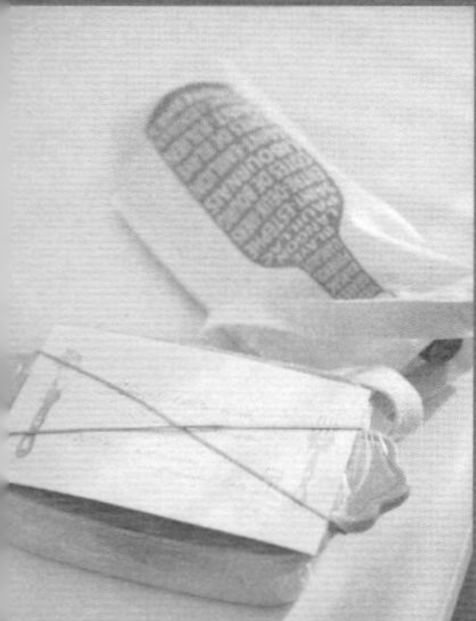

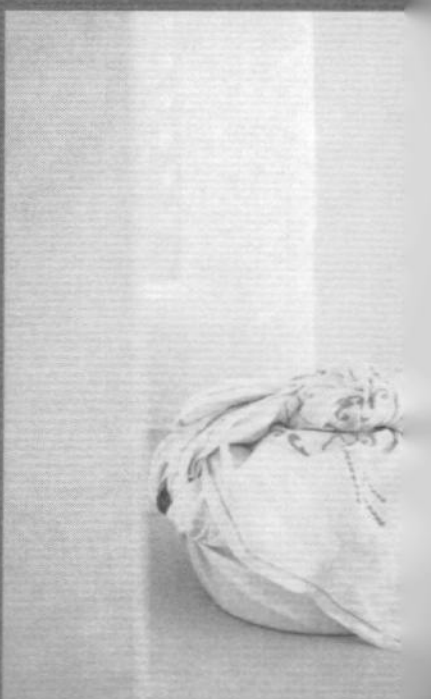